- DIPLOMICA -
BAND 23

Herausgegeben von Björn Bedey

Sozialkapital und seine handlungstheoretischen Grundlagen

Eine wissenschaftstheoretische Untersuchung

von

Johannes Marx

Tectum Verlag
Marburg 2005

Die Reihe *diplomica* ist entstanden aus einer Zusammenarbeit der
Diplomarbeitenagentur *diplom.de* und dem *Tectum Verlag*.
Herausgegeben wird die Reihe von Björn Bedey.

Marx, Johannes:
Sozialkapital und seine handlungstheoretischen Grundlagen.
Eine wissenschaftstheoretische Untersuchung
diplomica, Band 23
/ von Johannes Marx
- Marburg : Tectum Verlag, 2005
ISBN 978-3-8288-8940-8

© Tectum Verlag

Tectum Verlag
Marburg 2005

Vorwort

Dieses Buch basiert zu großen Teilen auf meiner Magisterarbeit aus dem Jahr 2001. Seitdem hat sich die Debatte um Sozialkapital natürlich weiterentwickelt und sich von einer reinen wissenschaftlichen Frage auch zu einer öffentlichen gewandelt. Ehrenamtliches Engagement und die Stärkung der Zivilgesellschaft sind mittlerweile gängige Schlagworte in politischen und gesellschaftlichen Debatten.

Auch die wissenschaftliche Beschäftigung mit dem Phänomen Sozialkapital hat sich verändert. Dominierten zunächst theoretische Arbeiten, die sich um die Ausarbeitung der begrifflichen Grundlagen bemühten, sind in der Folge verstärkt empirische Arbeiten zu den Effekten sozialen Kapitals erschienen.

Die 2001 diagnostizierten handlungstheoretischen und wissenschaftstheoretischen Probleme in der Sozialkapitaldiskussion sind damit aber keineswegs gelöst. Sie nehmen lediglich in der aktuellen empirischen Forschung um soziales Kapital keine prominente Rolle ein. Das vorliegende Buch trägt der Weiterentwicklung der Sozialkapitaldebatte insofern Rechnung, dass neuere Literatur eingearbeitet wurde und dass das sechste Kapitel eine aktuelle Position in der Sozialkapitaldebatte skizziert.

Zuletzt möchte ich an dieser Stelle meine Lehrer Volker Kunz und Ulrich Druwe nennen, ihnen verdanke ich meine akademische Ausbildung. Daneben haben Conny, Kerstin, Catrin, Carina, Corinna, meine Eltern und Anna ihren jeweils eigenen Beitrag zu dieser Arbeit geleistet.

Mainz, im Oktober 2005   Johannes Marx

1 Einleitung

> Ein Tier heranzüchten, das versprechen darf
> – ist das nicht gerade jene paradoxe Aufgabe
> selbst, welche sich die Natur im Hinblick auf
> den Menschen gestellt hat? Ist es nicht das
> eigentliche Problem vom Menschen?
>
> Friedrich Nietzsche

Der Begriff des Sozialkapitals erlebte in den letzten Jahren einen einzigartigen Boom. Unzählige wissenschaftliche Arbeiten sind zu diesem Thema erschienen und selbst in Tageszeitungen und Bundestagsdebatten wurde der Begriff bereits gebraucht.

Während in den 1990er Jahren noch zahlreiche Arbeiten zu den theoretischen Grundlagen erschienen sind, trat in den letzten Jahren die empirische Arbeit mit dem Sozialkapitalkonzept in den Vordergrund. Dabei sind die theoretischen Überlegungen zu Sozialkapital weder abgeschlossen, noch können wichtige theoretische Fragen als gelöst betracht werden. Die notwendige theoretische Debatte ist jedoch aufgrund der überaus intensiven empirischen Auseinandersetzung mit dem Phänomen Sozialkapital nicht weitergeführt worden. Insbesondere die handlungstheoretischen Implikationen des Sozialkapitalansatzes wurden in der Diskussion bisher auffällig vernachlässigt.

Ziel dieser Arbeit ist es deshalb, die theoretischen Grundlagen des Sozialkapitalansatzes wissenschaftstheoretisch zu untersuchen. Dabei werden die unterschiedlichen Ansätze von James S. Coleman und Robert D. Putnam rekonstruiert und handlungstheoretisch verortet. Dadurch werden die Unterschiede und Gemeinsamkeiten zwischen den theoretischen Ansätzen von Coleman und Putnam herausgearbeitet. Diese werden in den einschlägigen empirischen Arbeiten häufig nur unzureichend berücksichtigt.

1.1 Hinführung zum Thema

Politikwissenschaft ist eine Disziplin, deren Erkenntnisinteresse sich darauf richtet, Regelmäßigkeiten und Muster im Bereich der Politik festzustellen. Eine gängige Definition von Politik findet sich bei Patzelt. Demnach ist Politik „jenes menschliche Handeln, das auf die Herstellung allgemeiner Verbindlichkeit, v.a. von allgemein verbindlichen Regelungen und Entscheidungen, in und zwischen Gruppen von Menschen abzielt" (Patzelt 1992: 14). Politikwissenschaft ist somit eine Disziplin, in deren Erkenntnismittelpunkt das Handeln von Menschen steht. Deshalb spricht man in diesem Zusammenhang auch vom Menschen als Akteur.

Das Handeln, das in der Politikwissenschaft vorwiegend interessiert, ist das Handeln zwischen mehreren Akteuren. Wenn zwei Akteure miteinander zu beiderseitigem Vorteil handeln, spricht man von Kooperation. Problematisch ist diese, wenn beide Parteien nicht zur gleichen Zeit ihre Leistung einbringen können und die Gefahr besteht, dass eine einseitig getätigte Vorleistung ausgenutzt und hintergangen wird. Um das hierbei von einem Akteur eingegangene Risiko zu minimieren, gibt es verschiedene soziale Mechanismen. Darunter auch das Phänomen des Versprechens, das in dem vorangestellten Nietzsche–Zitat angesprochen wird. Dennoch ist Kooperation nicht der Normalfall. Unter welchen Umständen Akteure miteinander kooperieren und unter welchen nicht, ist eine der Leitfragen der in dieser Arbeit untersuchten Texte.

Das Problem der Kooperation spielt unter anderem in den Internationalen Beziehungen sowie in der Vergleichenden Regierungslehre eine große Rolle. Dort wird versucht, ökonomische, institutionelle oder kulturelle Faktoren zu finden, die für die Entstehung von kooperativem bzw. unkooperativem Handeln in einem Land gegenüber einem anderen verantwortlich gemacht werden können. Dabei genießen die beiden Sozialkapitalansätze von Putnam und Coleman in den letzten Jahren eine immer größere Aufmerksamkeit. Ich werde mich deshalb im Verlauf der Arbeit auf diese beiden Ansätze beschränken.[1] Das sie ver-

---

[1] Neben den prominenten Sozialkapitalansätzen von Putnam und Coleman findet sich noch eine Vielzahl weiterer Arbeiten, die den Sozialkapitalbegriff in teilweise

bindende Element liegt in der Lösung, die beide Arbeiten zur Klärung der Frage der Kooperationsentstehung beitragen. Beide sehen die Lösung des Kooperationsproblems in einem Phänomen, das sie ‚Sozialkapital' nennen. Es bezeichnet sowohl Aspekte des sozialen Vertrauens als auch der Sozialstruktur einer Gesellschaft (vgl. Kunz 2000: 1).

Die Resonanz auf die Arbeiten von Putnam und Coleman ist beeindruckend. Innerhalb der letzten Jahre entstand eine Fülle von Werken, die den Sozialkapitalansatz als Erklärungsmuster für die verschiedensten Phänomene verwenden. So wird mit dem Sozialkapitalansatz die unterschiedliche wirtschaftliche und zivilgesellschaftliche Entwicklung verschiedener Länder, die Funktionsweise der Mafia, der Untergang der Weimarer Republik, das Abstimmungsverhalten von Mitgliedern des amerikanischen Senats und die Performanz demokratischer Institutionen erklärt. Der Sozialkapitalansatz scheint sich zu einer Standardmethode für den Bereich der Vergleichenden Regierungslehre zu entwickeln.

---

variierter Form verwenden. Zumindest die wichtigsten Arbeiten seien an dieser Stelle erwähnt: Loury 1977, Granovetter 1985, Bourdieu 1983, Portes 1998, Fukuyama 1995, Flap 1995, Gambetta 1988 und Burt 1992, vgl. zum Überblick Haug 1997; Adam/Roncavic 2003; Faust/Marx 2004.

1.2 Wissenschaftliches Problem und Fragestellung

Bei der Betrachtung der Literatur, die sich mit dem Konzept des Sozialkapitals beschäftigt und es auf die verschiedensten Problemfelder anwendet, fällt jedoch schnell auf, dass die theoretischen Grundlagen der Sozialkapitalansätze größtenteils nicht hinterfragt werden. Oft finden sich im theoretischen Teil der Arbeiten gleichzeitig Verweise auf Putnam und Coleman, und es scheint bisher selten genauer untersucht worden zu sein, ob Putnam und Coleman überhaupt dieselben Dinge bezeichnen, wenn sie den Begriff ‚Sozialkapital' benutzen. Auch Woolcock weist schon 1998 auf diesen Mangel hin:

> „It now assumes in a wide variety of meanings and has been cited in a rapidly increasing number of social, political, and economic studies, but – as so often happens with promising new terms in social science – with limited critical intention being given to its intellectual history or its conceptual and ontological status".

Als positive Ausnahmen können an dieser Stelle u.a. Woolcock 2001, Edwards/Foley 1999, Levi 1996, Haug 1997, Panther 2002, Adam/Roncavic 2003, und Feldman/Assaf 1999 genannt werden. In ihren Arbeiten wird zumindest auf die Unterschiede zwischen den Sozialkapitalansätzen eingegangen. Allerdings geschieht dies meist in Form einer rein deskriptiven und aufzählenden Darstellung der inhaltlichen Unterschiede. Ein systematischer, wissenschaftstheoretischer Vergleich der beiden Sozialkapitalansätze ist bisher noch nicht vorgenommen worden. Dies soll Aufgabe der vorliegenden Arbeit sein. Zunächst bedarf es jedoch einiger Vorüberlegungen.

Unser Wissen über die Strukturen und Besonderheiten unserer Gesellschaft ist in der Form von Theorien formuliert. So beschreiben die beiden Sozialkapitalansätze Gegenstände unserer Welt und behaupten insofern, Regelmäßigkeiten entdeckt zu haben, als immer dann kooperatives Verhalten zwischen den Akteuren entsteht, wenn gewisse Aspekte der Sozialstruktur und soziales Vertrauen vorgefunden werden.

Und ebenso wie es Theorien gibt, in denen unser Wissen über die empirischen Phänomene der Welt formuliert ist, wird unser Wissen über die Strukturen dieser Theorien ebenfalls in Form von Theorien transportiert. Da sich diese Theorien nun nicht mehr mit Gegenständen der empirischen Welt befassen, sondern schon Theorien über diese Welt zum Gegenstand haben, spricht man in ihrem Fall von ‚Metatheorien' oder auch von ‚Wissenschaftstheorie'. Es bleibt festzuhalten: In Metatheorien ist Wissen über Theorien formuliert, welches uns Kriterien zur Identifizierung und Bewertung einzelner Elemente von Theorien an die Hand gibt.

Für diese Arbeit greife ich auf die wissenschaftstheoretischen Überlegungen von Thomas S. Kuhn zurück. Der zentrale Begriff seiner Überlegungen ist der des Paradigmas. Er beschreibt den gemeinsamen theoretischen Zugang einer wissenschaftlichen Gruppe zur Welt. Oder anders gesagt: Zwei Wissenschaftler arbeiten im selben Paradigma, wenn der theoretische Rahmen ihrer Welterschließung identisch ist.

Der Titel dieser Arbeit *Sozialkapital und seine handlungstheoretischen Grundlagen – eine wissenschaftstheoretische Untersuchung* macht somit klar, dass diese Arbeit sich mit dem Phänomen Sozialkapital und den handlungstheoretischen Grundlagen der zentralen Sozialkapitalansätze auseinandersetzt. Im Mittelpunkt steht die Frage: Gehören die Sozialkapitalansätze von Putnam und Coleman demselben handlungstheoretischen Paradigma an, oder sind sie unterschiedlichen Paradigmen zuzuordnen? Der Untertitel der Arbeit nennt bereits die Methode zur Beantwortung dieser Frage: Es bedarf einer wissenschaftstheoretischen Untersuchung. Mittels der Kriterien des Paradigmabegriffs werden die einzelnen Elemente der Sozialkapitalansätze auf Ähnlichkeit untersucht werden.

Die These, die ich in dieser Arbeit vertrete, beläuft sich nicht nur darauf, dass Putnam und Coleman unterschiedlichen Paradigmen angehören, sondern ordnet Putnam und Coleman auch zwei bereits bestehenden unterschiedlichen Paradigmen der Sozialwissenschaften zu. Als Vertreter der bestehenden klassischen Paradigmen werden für diese Arbeit die Überlegungen von Dahrendorf als Vertreter des Homo Sociologicus–Paradigmas und von Axelrod als Repräsentant des Homo Oeconomicus–Paradigmas herangezogen.

Natürlich hätten neben Dahrendorf und Axelrod auch andere Vertreter der klassischen, handlungstheoretischen Paradigmen herangezogen werden können. Aber ihre Arbeiten zeichnen sich durch besondere Eigenschaften aus, die sie für die Verwendung in dieser Untersuchung attraktiv machen. Schon der Titel Homo Sociologicus der Arbeit Dahrendorfs signalisiert, dass es Zielsetzung der Arbeit war, einen Überblick darüber zu vermitteln, welche Positionen unter dem Dach des Homo Sociologicus–Paradigmas vertreten werden. Aus diesem Grund eignet sie sich dafür, die Grundstrukturen des paradigmatischen Erklärungsmusters dieser Richtung herauszuarbeiten. Axelrods Arbeit bietet sich aus einem anderen Grund an. Denn es ist Axelrod, der eine entscheidende Erweiterung des Homo Oeconomicus–Paradigmas vorgenommen hat. Bei Axelrod steht nicht mehr das Handeln mit einer stabilen Umwelt im Mittelpunkt des wissenschaftlichen Erkenntnisinteresses, es soll vielmehr das Handeln von Akteuren mit anderen Akteuren erklärt werden. Damit rückt das Problem der strategischen Interaktion in den Mittelpunkt. Da die Sozialkapitalansätze kooperatives Handeln und somit die Interaktion mindestens zweier Akteure erklären möchten, eignet sich Axelrods Arbeit um die Besonderheiten des Homo Oeconomicus–Paradigmas zu beleuchten (vgl. Schmid 1999: 191-201, auch Esser 1999a: 231f.).

Die präzise Formulierung meiner These lautet demnach: Der Sozialkapitalansatz von Putnam ist dem Homo Sociologicus–Paradigma zuzurechnen, während die Arbeit von Coleman dem Homo Oeconomicus–Paradigma verpflichtet ist.

1.3 Der Aufbau der Arbeit

Ziel der Arbeit ist es zu zeigen, dass erstens Putnam und Coleman unterschiedliche Erklärungsmuster verwenden, und dass zweitens diese Erklärungsmuster sich zurückführen lassen auf bereits bestehende paradigmatische Erklärungsmuster der Sozialwissenschaften.

Um aber Ähnlichkeit oder Unähnlichkeit der Erklärungsmuster feststellen zu können, müssen Kriterien entwickelt werden, mit deren Hilfe die Konstituenten eines Erklärungsmusters identifiziert werden können. Anhand dieser Kriterien können die unterschiedlichen Ansätze miteinander verglichen werden. Diese Kriterien werden in Kapitel 2 aus den Überlegungen Kuhns zum Aufbau wissenschaftlicher Theorien hergeleitet. Drei Ebenen finden bei der Rekonstruktion Berücksichtigung: Erstens ist dies die Ebene des Vokabulars. Dabei gilt es herauszuarbeiten, dass die Bedeutung von Begriffen nicht nur aus ihrer Verweisfunktion auf empirische Gegenstände herzuleiten ist, sondern sich auch aus den theoretischen Festlegungen eines Paradigmas erschließt. Zweitens ist dies die Ebene des theoretischen Kerns eines Paradigmas. Auf dieser Ebene soll herausgearbeitet werden, wie die verschiedenen Elemente der Sozialkapitalansätze mittels einer Relation verbunden werden und so ihren erklärenden Charakter erlangen. Die dritte Ebene betrifft die ableitbaren Effekte, die in Form von Hypothesen formulierbar sind. Hier wird noch einmal deutlich, welches die abhängigen und unabhängigen Variablen sind und welche Erklärungskraft das Paradigma besitzt.

Anhand dieser Kriterien wird dann in Kapitel 3 der Sozialkapitalansatz von Putnam rekonstruiert. Dabei werden die verschiedenen Elemente eines Erklärungsmusters, die im zweiten Kapitel abstrakt formuliert werden, inhaltlich gefüllt.

Analog dazu wird in Kapitel 4 der Sozialkapitalansatz Putnams rekonstruiert. Um die Sozialkapitalansätze bestehenden Paradigmen der Sozialwissenschaft zuordnen zu können, werden anschließend die handlungstheoretischen Paradigmen der Sozialwissenschaft anhand der wissenschaftstheoretischen Kriterien rekonstruiert.

In Kapitel 5.1 wird das Homo Sociologicus–Paradigma nach Dahrendorf und in Kapitel 5.2 das Homo Oeconomicus–Paradigma nach Axelrod rekonstruiert. In Kapitel 5.3 kann dann der eigentliche Vergleich anhand der vorher entwickelten Kriterien vorgenommen werden. Dabei wird sich zeigen, dass sich trotz eines ähnlichen Vokabulars große Unterschiede bei den verwendeten Erklärungsmustern der Sozialkapitalansätze aufzeigen lassen. Dies hängt mit der oben bereits angedeuteten theoretischen Komponente der Bedeutung eines Begriffs zusammen. Sie herauszuarbeiten wird Aufgabe von Kapitel 5.3 sein. Nur so wird der Unterschied zwischen Putnams und Colemans Sozialkapitalansatz deutlich. Außerdem erfolgt in diesem Kapitel die Zuordnung zu den klassischen Paradigmen.

In Kapitel 6 werden schließlich die Ergebnisse dieser Arbeit in einem inhaltlichen Fazit zusammengefasst. Anschließend steht die Frage im Mittelpunkt, welche Konsequenzen diese Erkenntnisse für die Anwendbarkeit der Sozialkapitalkonzepte haben. Auf diese Weise wird deutlich werden, dass wissenschaftstheoretische Untersuchungen keine sinnlose Beschäftigung weit ab jeglicher empirischen Relevanz sind, sondern ihrerseits eine starke Rückwirkung auf die Wahrnehmung empirischer Probleme haben. Erst durch eine wissenschaftstheoretische Untersuchung wird klar, dass ein großer Unterschied zwischen den verwendeten Erklärungsmustern besteht, und sich von den Sozialkapitalansätzen ganz unterschiedliche Steuerungskonzeptionen ableiten lassen. In Kapitel 6.3 werden daraufhin Gründe angeführt, dass Coleman den besseren der beiden Ansätze entwickelt hat. Schließlich wird in Kapitel 6.4 ein Ausblick auf die aktuelle Debatte um den Sozialkapitalansatz gegeben. Es wird sich zeigen, dass die theoretischen Probleme auch dort noch nicht gelöst sind.

1.4 Der Begriff des Sozialkapitals

Zum Schluss der Einleitung soll der für diese Arbeit zentrale Begriff des Sozialkapitals eingeführt werden. Es ist bereits angedeutet worden, dass Begriffe ihre Bedeutung zum Teil auch aus der theoretischen Komponente des jeweiligen Paradigmas erhalten. Eine Darstellung dessen kann hier natürlich noch nicht geleistet werden.

Dennoch können einige einleitende Bemerkungen zum Begriff des Sozialkapitals gemacht werden.

Unter Kapital versteht man in der Regel eine Ressource, die einen Akteur in die Lage versetzt, ein gewünschtes Ziel zu erreichen. Üblicherweise ist dies der Kauf eines gewissen Produktes. Auch Sozialkapital dient dazu, individuelle Ziele zu erreichen. Allerdings besteht ein großer Unterschied zu ökonomischem Kapital. Während ökonomisches Kapital eine individuelle Ressource ist und einem einzigen Individuum zugeschrieben werden kann, drückt sich Sozialkapital in den sozialen Beziehungen zwischen den Individuen aus. Es braucht demnach mindestens zwei Akteure, damit man von Sozialkapital sprechen kann. Erst eine solche Beziehung ermöglicht das Entstehen von sozialem Vertrauen, gesellschaftlicher Kontrolle oder die Geltung von Normen und Regeln des gesellschaftlichen Zusammenlebens. Dieses Phänomen soll im Folgenden unter Sozialkapital verstanden werden.

Darüber hinaus ist man sich weitgehend einig, dass Sozialkapital nicht nur eine individuelle, sondern auch eine zentrale gesellschaftliche Ressource darstellt, die zur Lösung gesellschaftlicher Kollektivgutprobleme beiträgt (vgl. Offe 1999; Ostrom 1999: 173). Ismael Serageldin, der Vize-Präsident der Sonderprogramme der Weltbank, sieht Sozialkapital als den zentralen Faktor an, der menschliches Zusammenleben erst ermöglicht:

> „Social Capital is the glue that holds societies together and without which there can be no economic growth or human well-being. Without social capital, society at large will collapse, and today's world presents some very sad examples of this" (Serageldin 2000: iii).

Sozialkapital fördert demnach die ökonomische sowie die politische Performanz eines Landes und verbessert das gesellschaftliche Zusammenleben. Die Bürger entwickeln Kooperationsnormen und eine solidarische Haltung. Anstatt immer auf ihren Vorteil zu achten, interessieren sich die Bürger in Gesellschaften mit einem hohen Niveau an Sozialkapital für das Allgemeinwohl.

Bei all den erhofften positiven Wirkungen überrascht, dass die theoretischen Grundlagen des Sozialkapitalkonzeptes häufig vernachlässigt werden und empirische Arbeiten dominieren. In dieser Untersuchung werden deshalb die theoretischen Grundlagen und Argumentationsmuster der Sozialkapitalansätze von Putnam und Coleman herausgearbeitet.

2 Der Paradigmabegriff als metatheoretischer Zugriff

Erklärtes Ziel dieser Arbeit ist es, eine wissenschaftstheoretische Untersuchung der zwei Sozialkapitalansätze von Coleman und Putnam vorzunehmen. Wie in der Einleitung bereits angekündigt, wird dabei auch aufzuzeigen sein, dass Putnam und Coleman unterschiedlichen Erklärungsmustern verpflichtet sind.

Die Bestätigung dieser These setzt notwendigerweise einen Vergleich der beiden Ansätze voraus. Als Basis jeden Vergleichs dienen Kriterien, die von außen an die zu vergleichenden Objekte angelegt werden. Da es sich bei den zu vergleichenden Objekten um Theorien handelt, müssen auch die Kriterien, die zum Vergleich herangezogen werden, auf die Thematik ‚Theorien' zugeschnitten sein. Benötigt wird daher eine metatheoretische Position. Dazu werden in dieser Arbeit die wissenschaftstheoretischen Überlegungen von Thomas S. Kuhn aus der *Struktur wissenschaftlicher Revolutionen* (1999) verwendet.

2.1 Der frühe Paradigmabegriff

Kuhn entwickelt in seiner Arbeit seine Vorstellung von wissenschaftlichem Fortschritt in starker Abgrenzung zum Wissenschaftsmodell von Vertretern des *Wiener Kreises*.[2] Deren Ziel war es, Protokollsätze zu finden,

> „in denen man die Basis der Wissenschaft zu erfassen hoffte, indem man die Protokollsätze als vermeintlich erste, grundlegende Sätze der Wissenschaft in ihrer Beziehung zur sinnlichen Wahrnehmung untersuchte" (Ströker 1988: 20).

Doch gerade diesen unmittelbaren Zugang zur Welt bestreitet Kuhn. Jede Beobachtung sei selbst schon geleitet durch theoretische Überlegungen, die einer speziellen Weltdeutung verpflichtet sind. Kuhn betrachtet Wissenschaft nicht mehr als kumulativen, sich der Wahrheit annähernden Prozess[3], sondern als einen Prozess, der durch qualitative Brüche unterbrochen ist. Nach einem solchen qualitativen Bruch setzt Wissenschaft nicht dort an, wo sie vor dem Bruch aufgehört hat, sondern besitzt eine andere Qualität, die sich durch eine eigene Sprache, eigene Verfahren und Fragestellungen auszeichnet. Diese eigene Qualität des Forschungsprogramms, so kann man in einer ersten Annäherung feststellen, bezeichnet Kuhn mit dem Begriff des Paradigmas.[4]

Dabei geht man in einer ersten Rezeptionsrichtung davon aus, dass Kuhns Hauptaugenmerk der wissenschaftshistorischen Untersuchung des Forschungsprozesses galt. Er konstatiert, dass theoretisches Wissen immer auch in Bezug zu der wissenschaftlichen Gemeinschaft gesehen werden muss, die über das Wissen verfügt. Nach Kuhn lassen sich vier

---

[2] Dies gilt insbesondere für Schlick, Popper und den frühen Carnap – eingeschränkt für den logischen Empiristen des Wiener Kreises Otto Neurath, dessen Kohärenztheorie der Erkenntnis und dessen Holismus viele Parallelen zu Kuhns Werk aufweisen.

[3] Von Francis Bacon bis zu den Vertretern des logischen Empirismus des Wiener Kreises ging man von einer akkumulativen Fortentwicklung des Wissens aus (vgl. Carrier 1996, Druwe 1995: 364 f.).

[4] Der Begriff des Forschungsprogramms stammt von Imre Lakatos. Lakatos hat sich in der Nachfolge Poppers um die Verteidigung des rationalistischen Programms bemüht. Dabei versucht er die Ideen von Kuhn zu berücksichtigen, dass Theorien komplexe Strukturen darstellen und nicht durch Beobachtungsaussagen falsifiziert werden können (vgl. Lakatos 1974: 108-148).

charakteristische Phasen erkennen, die eine Wissenschaft in ihrem Entwicklungsgang wiederholt durchläuft:

1. Die vorparadigmatische Phase: In ihr bestehen verschiedene wissenschaftliche Schulen gleichberechtigt nebeneinander. Keine dieser Schulen ist in der Lage, einen entscheidenden Fortschritt hin zu einer dominierenden Forschungsgemeinschaft zu erringen. Oft ist diese Phase darüber hinaus gekennzeichnet durch tiefgreifende philosophische Meinungsverschiedenheiten zwischen den Wissenschaftsschulen.

2. Die paradigmatische Phase: Diese Phase zeichnet sich durch den Sieg einer theoretischen Schule aus. Die Arbeit der Wissenschaftler in der paradigmatischen Phase ist gekennzeichnet durch das Lösen von Forschungsproblemen. Diese werden durch das Paradigma erst als solche erkannt. Gleichzeitig liefert das Paradigma auch die Methoden und Werkzeuge, das Forschungsproblem zu bewältigen. Dies bezeichnet Kuhn auch mit dem Begriff der ‚normalen Wissenschaft'.

3. Die revolutionäre Phase: Die Problemlösungsfähigkeit des Paradigmas ist allmählich ausgeschöpft. Diese Phase ist zudem durch das Aufkommen von Anomalien gekennzeichnet. Es handelt sich dabei um Probleme, die mit den Mitteln des herrschenden Paradigmas nicht gelöst werden können. Das Vertrauen der Wissenschaftler in die Problemlösungsfähigkeit des Paradigmas schwindet, und es wächst die Anzahl der Forscher, die abseits des herrschenden Paradigmas nach alternativen Erklärungsmodellen suchen. Im Gegensatz zur normalen Wissenschaft wird diese Phase auch ‚außerordentliche Wissenschaft' genannt.

4. Die neue paradigmatische Phase: Sie entsteht durch den plötzlichen Vertrauensverlust des Großteils einer wissenschaftlichen Gemeinschaft in das alte Paradigma zugunsten eines neuen. Auf diese Weise wird erneut eine Phase der Normalwissenschaft eingeläutet, die erst durch das Aufkommen von Anomalien wieder ausläuft, worauf sich der wissenschaftliche Entwicklungsgang wiederholt.

Dieser Gebrauch des Paradigmabegriffs wurde von verschiedensten Seiten kritisiert. Nach Masterman „benützt er das Wort Paradigma in nicht weniger als 21 verschiedenen Bedeutungen in seiner (1962)[sic][5]; es ist möglich, dass bei ihm dieser Ausdruck noch mehr Bedeutungen hat, aber keineswegs weniger" (Masterman 1974: 61).

Insbesondere die Kritik von Masterman veranlasste Kuhn, seiner 2. Auflage der *Struktur wissenschaftlicher Revolutionen* ein Postskriptum hinzuzufügen. Darin nimmt er eine Präzisierung dessen vor, was unter dem Begriff des Paradigmas verstanden werden soll, indem er eine Trennung des Begriffs des Paradigmas von dem der wissenschaftlichen Gemeinschaft vorschlägt. Diese Modifizierung wird in einer zweiten Rezeptionsrichtung betont. Auf diesen modifizierten Paradigmabegriff wird im weiteren Verlauf der Argumentation zurückgegriffen.

---

[5] 1962 ist das Erscheinungsjahr der *Struktur wissenschaftlicher Revolutionen*.

2.2 Der modifizierte Paradigmabegriff

Der auf diese Weise modifizierte Paradigmabegriff stellt einen speziellen konzeptuellen Rahmen dar. Aus dieser Perspektive wird die Welt durch den Wissenschaftler betrachtet und beschrieben:

> „Einerseits steht er für die ganze Konstellation von Meinungen, Werten, Methoden u.s.w., die von den Mitgliedern einer gegebenen Gemeinschaft geteilt werden. Andererseits bezeichnet er ein Element in dieser Konstellation, die konkreten Problemlösungen, die, als Vorbilder oder Beispiele gebraucht, explizite Regeln als Basis für die Lösung der übrigen Probleme der ‚normalen Wissenschaft' ersetzen können" (Kuhn 1999: 186).

Zu den Komponenten eines Paradigmas gehören eine explizit ausformulierte Gesetzmäßigkeit, unter Umständen symbolische Verallgemeinerungen und weitere theoretische Annahmen. Hinzu kommen Anweisungen, die besagen, wie solche Gesetzmäßigkeiten auf eine Vielzahl von Situationen standardmäßig angewandt werden. Das Paradigma gibt überdies eine Anzahl experimenteller und theoretischer Techniken vor, die eine Verbindung zwischen den theoretischen Annahmen und dem empirischen Anwendungsbereich der Theorie herstellen. Daneben gehört auch eine Reihe von Musterlösungen zu einem Paradigma, mit denen exemplarisch durchgeführte Anwendungen der Theorie gemeint sind.

Ergänzt wird dies durch methodologische Vorschriften, die Anforderungen allgemeiner Art an ein wissenschaftliches Paradigma stellen, so nach Konsistenz, Genauigkeit und Größe des Anwendungsbereichs (vgl. Chalmers 1994: 92 f.). Nach Kuhn lässt sich das Ganze folgendermaßen auf den Punkt bringen: „Welche Gemeinsamkeiten erklären die verhältnismäßig unproblematische fachliche Kommunikation und die verhältnismäßig einhelligen fachlichen Urteile? (...) ein Paradigma" (Kuhn 1997: 392). Um den Begriff des Paradigmas griffiger zu machen, sollen an die Stelle des allumfassenden Paradigmabegriffs nun die Begriffe der disziplinären Matrix und des Musterbeispiels treten. Diese Differenzierung steht in der zweiten, hier vertretenen Rezeptionsrichtung an zentraler Stelle.

Unter dem Begriff der disziplinären Matrix oder des äquivalent verwendeten Begriffs des disziplinären Systems versteht Kuhn die theoretische Komponente des Paradigmabegriffs. Dazu gehören die bereits genannten symbolischen Verallgemeinerungen, die Gesetzmäßigkeiten und Definitionen. Dagegen verzichtet er nun auf die Bedingung, dass die Gesetze und Definitionen von einer Gruppe von Wissenschaftlern geteilt werden müssen. Denn es geht Kuhn mittlerweile weniger um eine wissenschaftssoziologisch und -historisch orientierte Untersuchung als um eine wissenschaftstheoretische. Als nächstes schlägt Kuhn den Begriff des Musterbeispiels vor. Er bildet die zweite Bedeutungskomponente des modifizierten Paradigmabegriffs. Gewöhnlich, so Kuhn, können Probleme nur gelöst werden, wenn man vorher die Theorie und einige Regeln zu ihrer Anwendung erlernt hat. Denn wissenschaftliche Erkenntnisse seien in Theorien und Regeln eingebettet (vgl. Kuhn 1999: 198). Andererseits besitzen diese Gesetzmäßigkeiten und Theorien keinen empirischen Gehalt, wenn sie nicht durch exemplarische Beispiele mit einem intendierten Anwendungsbereich verknüpft werden. Kuhn spricht in diesem Zusammenhang von einer Menge von Anwendungsfällen oder von den konkreten Problemlösungen.

> „Dann bilden konkrete Problemlösungen und Gesetz oder Theorie eine untrennbare Einheit: Das Gesetz oder die Theorie ohne hinreichend viele Anwendungsfälle ist unverständlich, da die empirischen Begriffe unterbestimmt sind; die einzelnen Problemlösungen ohne die Gesetze bzw. Theorien sind nur partiell verständlich und zudem untereinander unverbunden, da die Einheitsstiftung durch das Gesetz oder die Theorie fehlen, deren Anwendungsfälle sie sind" (Hoyningen-Huene 1989: 140).

Zusammenfassend lässt sich feststellen: Ein Paradigma besteht nach Kuhn aus zwei zentralen Bestandteilen, die beide gleichberechtigt nebeneinander stehen und erst zusammen dem Menschen und Wissenschaftler die Möglichkeit der Welterschließung eröffnen. „Der erste Bestandteil soll das Fundamentalgesetz enthalten sowie die grundlegenden Nebenbedingungen, welche eine Querverbindung zwischen allen Anwendungen herstellt" (Stegmüller 1987: 309). Dies ist die theoretische Komponente eines Paradigmas. Der zweite Teil des Paradigmas ist die empirische Komponente. Nach Stegmüller korrespondiert sie „mit der Menge I der intendierten Anwendungen" (Stegmüller 1987:

310)[6]. Sie wird als offene Menge in Analogie zum Wittgensteinschen Beispiel des Spieles durch eine paradigmatisch bestimmte Grundmenge möglicher empirischer Anwendungen charakterisiert (vgl. Stegmüller 1985: 198 f.; Wittgenstein 1953: §§ 66,67).

Ziel dieser Untersuchung muss es demnach sein, sowohl die theoretischen als auch die empirischen Komponenten des jeweiligen Paradigmas zu identifizieren. Dafür wird in einem ersten Schritt zunächst nach dem Vokabular der zu untersuchenden Arbeit gefragt. Dabei stehen die in der jeweiligen Arbeit verwendeten Elemente im Zentrum des Erkenntnisinteresses. Ihre Bedeutung gilt es zu erschließen. Im Folgenden zweiten Schritt interessiert, welche Relation die herausgearbeiteten Elemente verbindet. Diese Frage richtet sich auf das verwendete Erklärungsmuster des Paradigmas. Sowohl bei der Frage nach dem Vokabular als auch bei der Frage nach dem verwendeten Erklärungsmuster werden die theoretischen Komponenten der Arbeiten sowie die verwendeten Musterbeispiele berücksichtigt. Im nächsten Kapitel wird deutlich, warum beide Komponenten zusammengehören.

---

[6] Kuhn selbst gebraucht nicht den Begriff des „intendierten Anwendungsbereiches". Dieser ist erst von Stegmüller in die Debatte eingeführt worden. Er bezeichnet die empirische Komponente des Paradigmas.

2.3 Wissenschaft als Rätsellösen

Der Mensch und somit auch der Wissenschaftler betrachtet die Welt immer mit Hilfe eines Paradigmas. „Phänomene sind nicht als solche, unabhängig vom Paradigma, ‚da', sondern werden immer durch dieses erst mitkonstituiert" (Stegmüller 1987: 293). Also sind auch die Fragen und Probleme, mit denen sich der Wissenschaftler konfrontiert sieht, vorbestimmt durch seine spezielle Welterschließung. Insbesondere die exemplarischen Problemlösungen sind entscheidend für die Rätsel, welche im Rahmen des Paradigmas gelöst werden können. Denn durch den paradigmatisch angegebenen Anwendungsbereich eines Forschungsprogramms ist die Menge der möglichen Anwendungen zwar prinzipiell offen, aber die Wissenschaftler können die Gesetzmäßigkeiten ihres Paradigmas nur benutzen, wenn sie eine Analogie zwischen den Musterlösungen und der neuen Anwendung herzustellen vermögen. Deshalb vergleicht Kuhn die Arbeit eines Wissenschaftlers mit der Arbeit eines Spielers, der vor einem speziellen Problem steht und nach Lösungen strebt.

> „Bei einem Problem der normalen Forschung muss der Wissenschaftler die vorhandene Theorie als Spielregel voraussetzen. Er will eine Rätselfrage lösen – möglichst eine, an der andere gescheitert sind – , und die vorhandene Theorie ist nötig, um diese Rätselfrage zu definieren und zu gewährleisten, dass sie lösbar ist (...)" (Kuhn 1997: 361).

Der Spieler, an gegebene Regeln gebunden, muss mit ihrer Hilfe versuchen, eine Lösungsmöglichkeit zu finden. Dabei greift er auf die ihm bereits bekannten und bewährten Strategien aus vorausgegangenen Spielen zurück. Analog bedeutet das für den Wissenschaftler, dass er zur Lösung seiner Probleme auf die vom Paradigma vorgegebenen Gesetzmäßigkeiten zurückgreift und dabei die verschiedenen Anwendungen der Regeln in den exemplarischen Problemlösungen seines Paradigmas berücksichtigen muss.

> „Normalwissenschaftliche Forschungsprobleme werden vielmehr entdeckt, gefunden oder ausgewählt und zwar geleitet durch Paradigmen im Sinne exemplarischer Problemlösungen. Wenn eine bestimmte Erscheinungswelt einmal konstituiert ist (...), dann ist die Identifikation von lösbaren Forschungsproblemen kein Konstruieren, sondern ein Finden" (Hoyningen–Huene 1989: 171).

Eine dementsprechend hohe Lösbarkeitserwartung besteht beim Wissenschaftler. Schließlich werden die Forschungsprobleme im Rahmen eines Paradigmas gefunden, wobei das Paradigma dem Wissenschaftler zugleich auch die Instrumente liefert, die auftauchenden Forschungsprobleme zu lösen. Die vorliegende Arbeit will zeigen, dass sich hinter dem Begriff des Sozialkapitals zwei verschiedene Paradigmen verbergen, womit auch die Forschungsprobleme, die Methoden und Instrumente zu ihrer Lösung unterschiedlich wären. Auf die Vertreter der beiden Paradigmen träfe dann folgende Behauptung zu:

> „In einem Sinn, den ich hier nicht weiter entwickeln kann, üben die Befürworter konkurrierender Paradigmata ihre Tätigkeit in verschiedenen Welten aus. ... Da sie in verschiedenen Welten arbeiten, sehen die beiden Gruppen von Wissenschaftlern verschiedene Dinge, wenn sie vom gleichen Punkt aus in die gleiche Richtung schauen" (Kuhn 1999: 161).

Genau diese unterschiedliche Art der Weltdeutung der Sozialkapitalansätze soll herausgearbeitet werden.

2.4 Die Inkommensurabilitätsthese

Eine der heftig umstrittenen Thesen von Kuhn ist die Überlegung, die verschiedenen Paradigmen seien inkommensurabel. Diese Behauptung hat viel Kritik hervorgerufen, was eng mit der Unbestimmtheit des Ausdrucks ‚Inkommensurabilität' zusammenhängen mag. Er meint, dass zwei Arbeiten, die unterschiedlichen Paradigmen angehören, qualitativ unvergleichbar sind. Demnach gäbe es letztendlich keine Möglichkeit, empirisch zu entscheiden, welcher der beiden Ansätze zutreffender ist. Die Inkommensurabilität zweier Paradigmen liegt bei Kuhn in der Annahme begründet, dass ein direkter Zugang zur Welt (s.o.) nicht möglich ist.

Trotzdem kann und darf auf wissenschaftstheoretischer Ebene natürlich die Ähnlichkeit bzw. Verschiedenheit zweier Paradigmen festgestellt werden. Nichts anderes unternimmt Kuhn in seinem Werk, wenn er die Wissenschaftsgeschichte als eine Reihe aufeinanderfolgender Paradigmen schildert. Einzig in der Methodik der Rekonstruktion unterscheidet sich Kuhns Vorgehen von demjenigen der vorliegenden Untersuchung. Während Kuhns Vorgehensweise historisch–hermeneutisch ist, wird in dieser Arbeit auf die Methode der rationalen Rekonstruktion zurückgegriffen. Dabei gilt es, die analytische Struktur der zu untersuchenden Arbeiten herauszuarbeiten. Beiden Vorgehensweisen ist es gemein, die jeweils eigene Qualität der verwendeten Sprache und der zentralen Gesetzmäßigkeit herauszuarbeiten.

Das psychologische Problem von Wissenschaftlern, den paradigmatischen Zugang zur Welt zu wechseln, ist von der Unmöglichkeit einer empirischen Vergleichbarkeit von Paradigmen logisch zu trennen. Letzteres beschreibt nach Kuhn eine logische Unmöglichkeit, während ersteres lediglich eine empirische Beobachtung des Wissenschaftsprozesses betrifft. Demnach bewegt sich der Wissenschaftler in einer durch sein Paradigma bestimmten Welt und muss einem anderen Paradigma entsprechend verständnislos gegenüberstehen. Die Forschungsprobleme, Methoden und Lösungsvorschläge jenes anderen Paradigmas assimiliert der Wissenschaftler in die bereits bestehenden Strukturen seines Paradigmas, oder er findet sie notwendigerweise unsinnig.[7] Zur Assimilation nimmt der Wissenschaftler eine Bedeutungs-verschiebung der Begrifflichkeiten des anderen Paradigmas vor. Denn zwei verschiedene Paradigmen unterscheiden sich grundsätzlich in der Art ihrer Weltkonstitution. „Besondere Wichtigkeit kommt dabei der Änderung von Begriffen bzw. der Verwendungsweise von Begriffen zu, der sogenannten Begriffsverschiebung" (Hoyningen–Huene 1989: 204). Denn nach Kuhn kann die Bedeutung eines Begriffes nicht in Iso-lation von der korrekten Verwendung anderer Begriffe gelernt werden.

Die Bedeutung eines Begriffs erschließt sich somit nicht nur in seiner Abbildfunktion für ein empirisches Objekt, sondern auch in seiner grammatikalisch korrekten Verwendungsweise zusammen mit ande-ren Begriffen. Diese mögliche Verwendungsweise entspricht dem grammatikalischen Gehalt des Begriffes. Hier sei angemerkt, dass sich der Autor der vorliegenden Arbeit für die Darstellung von Begriffen auch an Hillary Putnams sprachphilosophischen Überlegungen orien-tiert. Bei ihm haben Begrifflichkeiten den Status von Minitheorien und werden durch Angabe der grammatikalischen Bedeutung sowie der paradigmatisch bestimmten empirischen Referenzmenge angegeben (vgl. Putnam H. 1975, Stegmüller 1987: 345-467). Schon auf der Ebene der Begrifflichkeit wird so deutlich, dass die Welt dem Menschen im-mer schon in gedeuteter Weise gegenübertritt.

Diese theoretische Komponente der Begriffe findet sich analog auf der Ebene der Theorien in einer empirischen Unterbestimmtheit der para-digmatischen Deutungsweisen der Welt wieder. Diese Deutungswei-sen werden teilweise unbewusst verwendet – in sogenannten Alltags-theorien – oder bewusst als Analyseinstrumente einer wissenschaftli-chen Arbeit vorangestellt. Uns interessieren im Folgenden einzig die bewussten Deutungsweisen, d.h. die wissenschaftlichen Theorien. Zu diesen können auch die Sozialkapitalansätze gerechnet werden, die damit zum Untersuchungsgegenstand der Metatheorie werden. Es steht nun einer Konkretisierung der metatheoretischen Überlegungen Kuhns im Hinblick auf die Sozialkapitalansätze nichts mehr im Weg.

---

[7] Dasselbe Phänomen wird in der Psychologie auch mit der Theorie der kognitiven Dissonanz erklärt (vgl. Zimbardo 1995, Stahlberg/Frey 1992).

2.5 Anwendungskriterien des Paradigmabegriffs

Es wurden bisher zwei Elemente des Paradigmabegriffs besonders herausgestellt:

Erstens die theoretische Komponente des Paradigmas. Zu ihr gehören die Elemente mit ihrem grammatikalischen Gehalt sowie die Relation, die diese Elemente verbindet. Da die Begriffe nicht nur auf Gegenstände der uns umgebenden Welt referieren, sondern ihre Bedeutung aus dem grammatikalischen Geflecht der sich aufeinander beziehenden Begriffe erlangen, wird bei der Darstellung des semantischen Gehalts der Begrifflichkeiten bereits zum Teil auf die Gesetzmäßigkeit des Paradigmas zurückgegriffen. Die Gesetzmäßigkeit bildet den zentralen Bestandteil der theoretischen Komponente des Paradigmas, die die erlaubten Kombinationen der einzelnen Elemente vorgibt. So erst erschließt sich die Menge der möglichen grammatikalischen Verbindungen und damit die Bedeutung zentraler Begrifflichkeiten.

Zweitens liegt die andere wichtige Komponente des Paradigmas in ihrem empirischen Teil und wird mittels Musterbeispielen angegeben. Auch wurde bereits darauf hingewiesen, dass es nach Kuhns Auffassung wenig sinnvoll erscheint, die theoretische und die empirische Komponente eines Paradigmas unabhängig voneinander darzustellen (vgl. Kuhn 1997: 400 f., 1999: 199). Dies hat unmittelbare Konsequenzen für das weitere Vorgehen. Da es in dem nun folgenden Schritt darum geht, forschungsleitende Fragen zu entwickeln und die Überlegungen Kuhns hinsichtlich der Sozialkapitalansätze fruchtbar zu machen, dürfen diese Fragen weder nur auf die theoretischen noch nur auf die empirischen Elemente der Ansätze abzielen, sondern müssen jeweils beide Aspekte des Paradigmas berücksichtigen.

Nach einigen einführenden Bemerkungen zu den zu rekonstruierenden Ansätzen richtet sich die erste Frage auf die zentralen Bestandteile der Sozialkapitalansätze und später auch auf die der klassischen Paradigmen. Es sollen insbesondere diejenigen Bestandteile herausgearbeitet werden, die vom jeweiligen Wissenschaftler in seinem Erklärungsansatz ausdrücklich verwendet werden. Im Mittelpunkt des Interesses stehen somit die zentralen Begrifflichkeiten der Theorie und ihre intendierten Anwendungen. Es geht gewissermaßen darum, die notwendige Vorarbeit zu leisten, um in Kapitel 5.3 die jeweils eigene Qualität der Sprache der verschiedenen Sozialkapitalansätze herauszustellen. Da Welterfahrung immer auch Weltdeutung mit Hilfe theoretischer Annahmen ist, kann die begriffliche Bestimmung der Elemente nicht erfolgen, ohne dass von Zeit zu Zeit schon ein Vorgriff auf die zentrale Gesetzmäßigkeit der jeweiligen Theorie gemacht wird. Denn nur so erschließt sich die Bedeutung dieser theoretischen Begriffe. Dies soll, um Wiederholungen zu vermeiden, an den entsprechenden Stellen so kurz wie möglich ausfallen. Die erste forschungsleitende Frage lautet also, wie gesagt: Welches sind die Elemente des jeweiligen Sozialkapitalansatzes bzw. des klassischen Paradigmas?

In einem zweiten Schritt wird danach gefragt, was die einzelnen Elemente verbindet. Damit rückt die Gesetzmäßigkeit des Paradigmas ins Blickfeld. Dies bedeutet für die Untersuchung der Sozialkapitalansätze, die jeweilige Gesetzmäßigkeit, die den Einfluss von Sozialkapital auf das menschliche Handeln beschreibt, herauszuarbeiten. Bei den klassischen Paradigmen können nur das sie bestimmende Handlungsgesetz und seine Rahmenbedingungen aufgezeigt werden. Da nach Kuhn die isolierte Betrachtung der theoretischen Gesetzmäßigkeit wenig Sinn macht, wird sie mit der dazugehörenden empirischen Einbettung in Form von Musterbeispielen vorgestellt. Die zweite Frage lautet also: Wie sieht der Erklärungszusammenhang des jeweiligen Paradigmas aus?

Die dritte Frage zielt auf die Ebene der Wirkungen ab. Diese Effekte oder Wirkungen von Sozialkapital, die aus den jeweiligen paradigmatischen Zugängen abzuleiten sind, werden in Form von Hypothesen formuliert und ebenfalls im Hinblick auf Gemeinsamkeiten und Unterschiede verglichen. Hypothesen beschreiben kausale Beziehungen zwischen einzelnen Elementen der jeweiligen Arbeit. Ihre Formulierung dient der sprachlichen Präzisierung der Zusammenhänge zwischen den Elementen. Dieser Schritt veranschaulicht den jeweiligen Anwendungsbereich der Arbeiten. Demnach lautet die dritte forschungsleitende Frage: Welche unterschiedlichen Hypothesen lassen sich aus den unterschiedlichen Paradigmen ableiten?

In Kapitel 5.3 soll untersucht werden, ob sich die zwei Sozialkapitalansätze den klassischen Paradigmen zuordnen lassen. Dafür werden die zwei Sozialkapitalansätze, das Homo Sociologicus– und das Homo Oeconomicus–Paradigma anhand der bisher herausgearbeiteten Merkmale auf der Ebene der Elemente, der Gesetzmäßigkeit und der

Hypothesen verglichen. Die vierte Frage lautet schließlich: Lässt sich der Sozialkapitalansatz von Putnam dem Homo Sociologicus–Paradigma und der Sozialkapitalansatz Colemans dem Homo Oeconomicus–Paradigma zuordnen?

3 Der Sozialkapitalansatz von Putnam

Wohl selten löste eine wissenschaftliche Arbeit in so kurzer Zeit eine solche öffentliche Debatte aus, wie dies Putnam mit seinem bahnbrechenden Werk *Making Democracy Work, Civic Traditions in Modern Italy* gelang.[8] In dem darauffolgenden Aufsatz *Bowling Alone* und der im Jahr 2000 erschienenen Monographie *Bowling Alone* greift er das Thema Sozialkapital wieder auf und vertieft es.[9]

Putnam entwickelte seinen Sozialkapitalansatz bei der Untersuchung der Performanz regionaler Verwaltungseinheiten nach einer Verwaltungsreform 1970 in Italien. Von 1970 bis zum Erscheinen des Buches im Jahr 1993 untersuchte er zusammen mit Robert Leonardi und Raffaella Y. Nanetti in Italien die Effektivität regionaler Institutionen und stellte einen erheblichen Entwicklungsunterschied zwischen dem Süden und dem Norden Italiens fest. Die zentrale Frage, die sich Putnam stellte, war die nach den Bedingungen für das Entstehen starker, responsiver, effektiver und repräsentativer Institutionen (vgl. Putnam 1993: 6). Seine Untersuchungsmethode sah neben qualitativen Studien auch quantitative und historische Untersuchungen vor und deckte somit die gesamte Bandbreite des sozialwissenschaftlichen Instrumentariums ab (vgl. Putnam 1993: 12-14).[10] Seine zentrale Entdeckung war es, dass die Performanz formeller Institutionen in entscheidendem Maß von informellen Institutionen abhängt, also von bestehenden innergesellschaftlichen Strukturen, die ihrerseits nach eigenen Regeln funktionieren. In solchen informellen Institutionen werden die Normen und Einstellungen erlernt, die dann das Funktionieren der formellen Institutionen prägen. Diese Ressource, die in informellen Institutionen produziert wird, bezeichnet Putnam als Sozialkapital.

Zwei Jahre nach Fertigstellung seines Buches über zivilgesellschaftliche Traditionen in Italien veröffentlichte Putnam seinen Aufsatz *Bow-*

---

[8] Im Folgenden wird die Arbeit *Making Democracy Work* mit MDW abgekürzt.

[9] Im Folgenden wird die Arbeit *Bowling Alone* mit BAa und der Aufsatz Bowling Alone mit BAb bezeichnet.

[10] Nach Tarrow ist die Verbindung von qualitativer, quantitativer und historischer Forschung ein Meilenstein in der politischen Kulturforschung (vgl. Tarrow 1996).

ling Alone, in dem er das Konzept des Sozialkapitals auf die amerikanische Gesellschaft anwendet und einen deutlichen Rückgang des Sozialkapitals in Amerika diagnostiziert. Die Reaktionen auf diesen Aufsatz sind enorm. Der Begriff des Sozialkapitals wurde mit einem Mal zu einem Modewort. Die Ergebnisse der Untersuchung dagegen waren und sind höchst umstritten. Es wird nicht nur angezweifelt, dass überhaupt ein Rückgang von Sozialkapital festzustellen ist und dass Sozialkapital die Performanz politischer Institutionen fördert, auch die theoretische Konzeption des Ansatzes bietet weiten Raum für Auseinandersetzungen. In seinem neuesten Werk *Bowling Alone (2000),* der Ausarbeitung seines 1995 erschienenen Artikels gleichen Titels, geht Putnam auf diese Kritiken ein, liefert umfangreiche empirische Untersuchungen zur Bestätigung seiner Thesen und konkretisiert zumindest in Teilen seinen theoretischen Rahmen.

Trotzdem ist das Bild von Putnams Überlegungen, das sich in der Literatur wiederfindet, höchst widersprüchlich und diffus.[11] Zunächst wird deshalb die Frage nach den Elementen des Sozialkapitalansatzes im Vordergrund stehen.

---

[11] Die Bandbreite reicht von Darstellungen, die Putnam als einen Denker in traditionellen Mustern der Individualismuskritik im Sinne des Kommunitarismus sehen (vgl. z.B. Graf 1999: 16 f., Levi 1996: 51 und Leitartikel der FAZ vom 16. September 2000) bis zu Darstellungen, die in den Arbeiten Putnams eine Pionierleistung für eine neue politische Kulturforschung finden (z.B. Laitin 1995: 172).

3.1 Die Elemente des Sozialkapitalansatzes

Nach Putnam „bezieht sich der Begriff ‚Sozialkapital' auf bestimmte Grundzüge der sozialen Organisation, beispielsweise auf Netzwerke, Normen und soziales Vertrauen, die Koordination und Kooperation zum gegenseitigen Nutzen fördern" (Putnam 1999: 28). Die vorliegende Definition von Sozialkapital erscheint auf den ersten Blick relativ dürftig, erfüllt aber die volle Funktion einer Definition im Sinne einer identifizierenden Beschreibung (vgl. Føllesdal 1988: 278). Um die Definition allerdings vollständig verstehen zu können, muss noch geklärt werden, warum im Definiendum das Wort Kapital verwendet wird und was Putnam unter den Begriffen Netzwerk, Normen und soziales Vertrauen versteht, die er im Definiens verwendet.

> "By analogy with notions of physical capital and human capital – tools and training that enhance individual productivity – the core idea of social capital theory is that social networks have value. Just as a screwdriver (physical capital) or a college education (human capital) can increase productivity (both individual and collective), so too social contacts affect the productivity of individuals and groups' (Putnam 2000: 18, 19).

Sozialkapital ist jedoch anders als Humankapital oder physisches Kapital eine Ressource, die ein Einzelner allein nicht kumulieren kann. Sie entsteht erst in einem Beziehungsgeflecht mit anderen Akteuren. Allerdings eignet sich nicht jede soziale Struktur zur Produktion von Sozialkapital.

In *MDW* unterscheidet Putnam zwischen horizontalen und vertikalen Netzwerken. Dabei sind horizontale Netzwerke soziale Gruppen wie z.B. Sportvereine, die Akteure mit gleichem Status und gleicher Macht zusammenbringen. Diese Gemeinschaften sind für Putnam die entscheidenden Netzwerke zur Produktion sozialen Kapitals und zeichnen sich durch Solidarität, ziviles Engagement, Kooperation und Ehrlichkeit aus. Vertikale Netzwerke hingegen sind hierarchisch organisiert und durch asymmetrische Abhängigkeitsbeziehungen gekennzeichnet (vgl. Putnam 1993: 115). Putnam schränkt zumindest in *MDW* und *BAa* den Begriff des Sozialkapitals normativ ein, indem er unter Sozialkapital nur solche Beziehungen versteht, die einen gesellschaftlichen Nutzen haben.[12]

So kann er einen markanten Unterschied zwischen dem Sozialkapitalniveau Norditaliens und dem Süditaliens attestieren und einen Rückgang des Sozialkapitals in den USA feststellen. In *BAb* nimmt Putnam eine umfangreiche empirische Untersuchung von Netzwerken und der bürgerlichen Partizipation an solchen vor, weshalb sich diese Arbeit eignet, die empirischen Musterbeispiele für Netzwerke herauszuarbeiten.[13] Putnam untersucht die bürgerliche Beteiligung an Wahlkampfaktivitäten, die Mitarbeit in schulischen Elternvertretungen, die Teilnahme an Jugendgruppen, Bruderschaften und Veteranentreffen. Auch das Engagement in kirchlichen Organisationen und die Anzahl der Gottesdienstbesucher zieht er als Indikatoren heran. Daneben untersucht er die Beziehungen zu den Arbeitskollegen am Arbeitsplatz, die Bereitschaft zur Übernahme von Ehrenämtern und die informellen sozialen Beziehungen zu Nachbarn und Freunden bis hin zur Internetkommunikation. In allen Bereichen stellt er einen Rückgang der bürgerlichen Beteiligung fest. Der Begriff des Netzwerkes bezeichnet also alle sozialen Beziehungen, die sich durch kontinuierliche und wiederholte Interaktionen und einen begrenzten Personenkreis auszeichnen (vgl. Putnam 2000: 32-181).

Der zweite Bestandteil der Sozialkapitaldefinition sind Normen. Putnam versteht darunter insbesondere Reziprozitätsnormen wie z.B. *Tit For Tat*, die in spieltheoretischen Überlegungen als optimale Handlungsweise zur Lösung von Gefangenendilemmasituationen entwickelt wurden. Putnam versteht unter Normen strenge Spielregeln, die Ko

---

[12] In BAb räumt Putnam ein, dass Sozialkapital neben der guten Seite auch eine dunkle Seite hat. So sind z.B. mafiöse Strukturen in einem hohen Maße durch gegenseitiges Vertrauen geprägt (vgl. Gambetta 1988). Auch Rubio arbeitet an einem Fallbeispiel für Kolumbien heraus, auf welche Weise Sozialkapital Rentenstreben stärkt und kriminelles Verhalten fördert (vgl. Rubio 1997). Schließlich betont Portes verschiedene negative Seiten von Sozialkapital so z.B. die Diskriminierung von Außenstehenden und innovations- und kreativitätshemmende Effekte innerhalb sozialer Netzwerke (vgl. Portes 1995).

[13] Mit der umfangreichen empirischen Untersuchung reagiert Putnam auf Kritik wie sie z.B. von Paul Rich an der empirischen Bestandsaufnahme in BAa vorgetragen wurde (vgl. Rich 1999). Rich argumentiert, dass Organisationen und Verbände einem gesellschaftlichen Wandel unterliegen und Putnam zeitgemäße Organisationsformen in seiner Untersuchung nicht berücksichtigt.

operation zur Erstellung eines öffentlichen Gutes ermöglichen (vgl. Putnam 1993: 172). Öffentliche Güter sind Güter, deren Effekte allen Bürgern zu Gute kommen unabhängig davon, ob der einzelne bei der Herstellung dieses Gutes mitgewirkt hat.[14] Dies verleitet Akteure dazu, ihren Beitrag zur Herstellung des öffentlichen Gutes nicht zu leisten, was schließlich zur Nichtherstellung des Gutes führen kann. Mittels Normen kann dieses Handlungsdilemma aufgebrochen werden, da Akteure dann die Erwartung haben, dass alle bei der Herstellung dieses Gutes teilnehmen werden.

Putnam unterscheidet zwei Formen der Reziprozität:

Zum einen gibt es die Art der Reziprozität, wie sie im balancierten Tausch zum Tragen kommt. Ein solcher liegt vor, wenn der Austausch gleichzeitig erfolgt.

Eine zweite Art der Reziprozität ist die des generalisierten Tauschs. Ein solcher liegt vor, wenn eine einseitig geleistete Vorleistung erst in der Zukunft zurückgezahlt wird, evt. sogar von einer anderen Person. Dabei sei der generalisierte, d.h. asymmetrische Austausch der häufigere und leider auch problematischere Fall. Zur Verdeutlichung des symmetrischen Austauschs gibt Putnam folgendes Musterbeispiel an: „As when office–mates exchange holiday gifts or legislators log–roll" (Putnam 1993: 172). Als Beispiel für den Fall des asymmetrischen Austauschs verweist er auf den Bürger, „lending a dime to a stranger for a parking meter, (...) keeping an eye on a friends house" (Putnam 2000: 135).

Während im ersten Fall noch von einem wirklichen Tausch gesprochen werden kann, ist im zweiten Fall die Unsicherheit darüber, ob eine Gegenleistung erbracht wird, zu hoch, um weiterhin solchen sozialen Situationen den Charakter einer Tauschbeziehung zuzusprechen. Unter normalen Umständen kommt dieser Tausch deshalb nicht zustande. Es bedarf eines hohen Maßes an sozialem Vertrauen, um das Risiko, das die Transaktion unter normalen Umständen unmöglich machen würde, zu minimieren. Der eigentliche Tauschcharakter ist im zweiten Fall verlorengegangen und an seine Stelle tritt nun Handeln aus einem altruistischen Motiv:

---

[14] Zur Problematik der öffentlichen Güter und des Trittbrettfahrens siehe Hardin 1968 und Olson 1965.

> „In the civic community, however, citizens pursue what Tocqueville termed ‚self-interest properly understood', that is, self-interest defined in the context of broader public needs, self-interest (...) that is alive to the interests to other" (Putnam 1993: 88).

Hieran wird deutlich, dass Putnam an dieser Stelle unter Normen ein Konglomerat von Einstellungen und erlernten Regeln des gesellschaftlichen Zusammenlebens versteht, deren zentrales Merkmal ihr Beitrag zur Entstehung von Kooperation ist.[15]

Das dritte Element der Sozialkapitaldefinition ist soziales Vertrauen. Es hat seinen Ursprung in den zwei bereits dargestellten Komponenten – in Normen der Reziprozität und in Netzwerken zivilen Engagements. Soziales Vertrauen ist der eigentliche Mechanismus, der Kooperation ermöglicht. „Social trust in complex modern settings can arise from two related sources – norms of reciprocity and networks of civic engagement" (Putnam 1993: 171). Soziales Vertrauen bezeichnet die Erwartung der Akteure, dass kooperatives Verhalten erwidert wird, und ermöglicht damit erst ein solches. Die zentrale Bedeutung des sozialen Vertrauens im Sozialkapitalkonzept veranlasst Knight, die Begriffe ‚Social Capital' und ‚Social Trust' sogar gleichzusetzen (vgl. Knight 1998: 756).

Die Fragebatterien, die in den von Putnam verwendeten Umfragen benutzt wurden, sahen zur Messung sozialen Vertrauens unter anderem folgendes vor: „DDB Needham question six-level agree/disagree item: ‚Most People are honest' vs. ‚You can't be too careful'" (Putnam 2000: 429). Der zu ermittelnde Wert ist hierbei das Maß des Vertrauens, das anderen Mitgliedern der Gesellschaft gegenüber aufgebracht wird. Es sind Einstellungen, langfristige Zuschreibungen gegenüber Institutionen oder Personen, die für das Handeln der Personen verantwortlich gemacht werden.

---

[15] Erlernt sind die Regeln, da es sich um eine Form des generalisierten Austauschs handelt. Der Tauschcharakter dieser Transaktion ist verloren gegangen und eine Gegenleistung wird in diesem Fall nicht erbracht. Die Handlung hat hier eine andere Ursache. Sie liegt in den internalisierten Einstellungen begründet. An dieser Stelle tritt zum ersten Mal der Fall auf, dass zur Bestimmung der Bedeutung des Normbegriffs auf das theoretische Erklärungsmuster vorgegriffen werden muss. Dass Normen erlernt werden und so ihre handlungsmotivierende Wirkung entfalten, wird im folgenden Abschnitt weiter vertieft.

In diesem Kapitel standen die Elemente des Sozialkapitalansatzes Netzwerke, Normen und soziales Vertrauen und deren Bedeutung im Vordergrund. Dabei wurde berücksichtigt, dass die Bedeutung von Begriffen nicht allein durch Angabe ihres semantischen Gehalts gezeigt werden kann, sondern dass die paradigmatisch angegebenen, empirischen Beispiele ebenfalls zu berücksichtigen sind. Im nächsten Schritt ist nun zu klären, welche Gesetzmäßigkeit die einzelnen Elemente des Sozialkapitalansatzes verbindet.

3.2 Der Erklärungszusammenhang des Sozialkapitalansatzes

Zuerst soll in diesem Kapitel gezeigt werden, auf welche Weise durch Netzwerke und Normen soziales Vertrauen entsteht und welche speziellen sozialen Strukturen die Voraussetzungen für das Entstehen von Sozialkapital schaffen. Danach wird auf die Ursachen eingegangen, die nach Putnam für die unterschiedliche Entwicklung in Italien verantwortlich sind, und es wird seine Begründung für den Rückgang von Sozialkapital in den Vereinigten Staaten vorgestellt.

Putnam argumentiert, dass durch das Eingebundensein in Netzwerke zivilen Engagements eine Zivilgesellschaft entsteht, deren Mitglieder Handlungen von gegenseitigem Nutzen vollziehen. Diese Netzwerke produzieren soziales Kapital in Form von generalisierten Reziprozitätsnormen und generalisiertem Vertrauen: „In the civic communities, individuals become citizens who will act with and trust others, even when they do not know them personally" (Levi 1996: 46). Der zentrale Mechanismus, der zur Kooperation führt, ist die Vertrauensvergabe, also die Erwartung, dass eine einseitige Vorleistung nicht ausgenutzt, sondern vom anderen Akteur zu beiderseitigem Nutzen verwendet wird. Putnam beruft sich zur Bestätigung seiner Argumentation auf Überlegungen der Spieltheorie:

> "Game theorists generally agree that cooperation should be easier when players engage in indefinitely repeated games, so that a defector faces punishment in successive rounds. This principle is fundamental to further theorizing in this field" (Putnam 1993: 166).

Die hier genannte Beobachtung, dass Kooperation in wiederholten Spielen einfacher entstehen kann, lässt sich laut Putnam auf das Agieren in engen Netzwerken übertragen. Denn solche Netzwerke gewährleisten, dass sich die Akteure wiederholt begegnen und Defektion[16] in zukünftigen Spielen entsprechend sanktioniert wird. „Collective live in the civic regions is eased by the expectation that others will probably follow the rules. Knowing that others will, you are more likely to go along, too, thus fulfilling their expectations" (Putnam 1993: 111). Das

---

[16] Defektion bezeichnet eine nicht kooperative Handlung eines Akteurs.

Handeln in Netzwerken zeichnet sich folglich durch drei Faktoren besonders aus:

1. Das Eingebundensein von Akteuren in Netzwerken bewirkt, dass Transaktionen nicht einmalig bleiben und eine dauerhafte soziale Bindung entsteht.

2. Dadurch ist gewährleistet, dass die Handlungszüge nicht in völliger Unkenntnis des Transaktionspartners vorgenommen werden, was die Defektion erleichtern und die Vertrauensvergabe nahezu unmöglich machen würde. Auf diese Weise baut sich ein gewisses Maß an Vertrauen in sozialen Beziehungen auf.

3. Durch das Vorhandensein von Normen in Netzwerken wird zusätzlicher Sanktionsdruck auf die Akteure ausgeübt, sich an bestehende Regeln zu halten. Die Sanktionsmittel reichen von Ächtung durch andere Personen bis hin zum Ausschluss aus Netzwerken und Bestrafung durch den Staat (vgl. Putnam 1993: 182).

In den Worten von Putnam ausgedrückt:

> "The trust that is required to sustain cooperation is not blind. Trust entails a prediction about the behavior of an independent actor. 'You do not trust a person (…) to do something merely because he says he will do it. You trust him only because, knowing what you know of his disposition, his available options and their consequences, his ability and so forth you expect that he will choose to do it" (Putnam 1993: 171).

Die Vertrauensvergabe ist hier als rationale Handlung eines Akteurs dargestellt. Es wird kooperiert in der Erwartung, dass einseitige Vorleistungen durch kooperatives Handeln erwidert werden. Der Grund dafür liegt in der Erkenntnis, dass in dichten Netzwerken durch das Vorhandensein von Normen und durch wiederholte Interaktionen die Transaktionskosten – das sind die Überwachungs- und Informationskosten – niedriger sind als bei Handlungen mit unbekannten Personen. „Norms such as those that undergird social trust evolve because they lower transaction costs and facilitate cooperation" (Putnam 1993: 172). Eine unter normalen Umständen aufgrund des hohen Risikos nicht eingegangene Handlung wird so zu einer rationalen Wahl. Darüber hinaus erklärt Putnam sogar das Zustandekommen von Normen über ihre Funktion.[17] Die Normen werden nun von den Akteuren durch Sozialisierungsprozesse, die Putnam nicht näher ausführt, während des wiederholten Handelns in den Netzwerken internalisiert.

> "Innovation depends on continual informal interaction in cafes and bars and in the street. Social norms that forestall opportunism are so deeply internalized that the issue of opportunism at the expense of community obligation is said to arise often here than in areas characterized by vertical and clientelistic networks" (Putnam 1993: 161).

Anhand einiger Musterbeispiele wird nun kurz skizziert, auf welche empirischen Phänomene die theoretischen Annahmen zutreffen sollen:

> "Your extended family represents a form of social capital, as do your Sunday school class, the regulars who play poker on your commuter train, your college roommates, the civic organizations to which you belong, the Internet chat group in which you participate, and the network of professional acquaintances recorded in your address book" (Putnam 2000: 21).

Eines der überzeugendsten Beispiele ist das System der 'rotating credit association' (vgl. Putnam 2000: 320 oder Waldinger 1996). Die Mitglieder eines solchen Netzwerkes zahlen regelmäßig in eine gemeinsame Kasse ein, die dann im Ganzen oder auch nur zum Teil jedem Beitragszahler nach einem Rotationsprinzip zur Verfügung gestellt wird. Dabei besteht natürlich die Gefahr, dass Mitglieder, die bereits in den Genuss der Auszahlung gekommen sind, sich der weiteren Einzahlung in den Fond verweigern, was den Fortbestand eines solchen Gutes verhindert. Hier ist es jedoch der Vertrauensmechanismus – oft unterstützt durch die Tatsache, dass sich ethische Minderheiten in dieser Form zusam-

---

[17] Funktionalerklärungen in den Sozialwissenschaften stehen vor folgendem Problem: Sie behaupten, dass die Wirkung beispielsweise einer Norm ihre Entstehung erklärt. Dieser Effekt ist aber, bevor die Norm entstanden ist, noch nicht vorhanden. Somit müssen andere Gründe für die Entstehung von Normen verantwortlich sein. Einzig in der Biologie haben Funktionalerklärungen eine Berechtigung, da dort mittels der Evolutionstheorie der Funktionalismus durch die natürliche Auslese begründet ist. Mittels des Mutationsmechanismus ist gewährleistet, dass Organismen mit verschiedenen Erbanlagen miteinander konkurrieren und schließlich diese Organismen ihre Erbanlagen weitergeben können, bei denen die durch Mutation entstandenen Eigenschaften ihnen einen Selektionsvorteil gegenüber den anderen Organismen verschaffen. Hier liegt also eine gültige Funktionalerklärung vor, da die Eigenschaften eines Organismus durch ihre günstige Wirkung erklärt werden können (vgl. Føllesdal 1988: 165-176).

menschließen und somit ein gewisser Druck von außen den Bestand der Gruppe festigt – der die Entstehung und das Funktionieren solcher Gemeinschaften garantiert. Allerdings betont Putnam, dass der zentrale Mechanismus des Vertrauens nicht nur innerhalb der Gruppe zur Entstehung von Kooperation beiträgt, sondern mittels Internalisierung auch auf gesamtgesellschaftlicher Ebene Wirkung entfaltet. Welche Rolle die Internalisierung der Normen in seinem Erklärungsmuster einnimmt, wird durch die Argumentation Putnams in Bezug auf Italien deutlich. Dort leitet er die schwächere Entwicklung des Südens aus unterschiedlichen historischen Voraussetzungen her, die weit ins Mittelalter zurückreichen (Putnam 1993: 183). Nach Putnam lassen sich schon im 12. Jahrhundert zwischen Nord– und Süditalien Unterschiede im Hinblick auf bürgerliche Tugenden und politische Strukturen feststellen. Er charakterisiert den Norden folgendermaßen:

> „The rich network of associational life and the new mores of the republics gave the medieval Italian commune a unique character precisely analogous to what (…) we termed a 'civic community'" (Putnam 1993: 126).

Der Süden dagegen zeichnet sich seiner Meinung nach durch vertikale und hierarchische Strukturen aus:

> „Legitimate authority in the South was monopolized by the king, who (...) was responsible only to God. In the North, while religious sentiments remained profound, the Church was only one civil institution among many; in the South, the Church was a powerful and wealthy proprietor in the feudal order" (Putnam 1993: 130).

Von diesem Ausgangspunkt sieht Putnam eine durchgängige Entwicklungslinie bis in die heutige Zeit. Demnach existiert eine Pfadabhängigkeit, die bewirkt, dass sich die Regel ‚Nicht kooperieren', die er als kulturelles Merkmal für den Süden Italiens feststellt, bis ins 20. Jahrhundert erhalten hat (vgl. Putnam 1993: 183, und North 1990). Denn auch unter den nun veränderten formalen Institutionen bewirkt die internalisierte Nichtkooperationsnorm, die in informellen Institutionen weitergegeben wurde, nach wie vor ein schlechteres Abschneiden des Südens in Bezug auf die ökonomische Leistungsfähigkeit. Ergänzt werden diese Überlegungen durch die spieltheoretische Erkenntnis, dass es im Gefangenendilemma[18] zwei stabile Gleichgewichtszustände

---

[18] Das Gefangenendilemma wird in Kapitel 5.2 genauer vorgestellt.

gibt. Von solchen Gleichgewichtszuständen glaubt Putnam auch im Fall Italiens ausgehen zu können. Auf der einen Seite hat er dann die Strategie ‚*Niemals kooperieren*' als Strukturmerkmal des Südens, während er auf der anderen Seite die Strategie ‚*Kooperiere mit denen, die auch mit dir kooperieren und sei nicht der erste, der defektiert*' als Strukturmerkmal des nördlichen Italiens annimmt. Den Grad des Vertrauens, den er im Fall des Mittelalters endogen, also aus den politischen Strukturen der Zeit heraus erklärt, zieht Putnam für das 20. Jahrhundert als exogenen Faktor unabhängig von den politischen Strukturen zur Erklärung der unterschiedlichen Performanz in Italien heran. Damit wird nun die unterschiedliche politische Kultur für die Performanz der formellen Institutionen verantwortlich gemacht.

Mit Offe kann Sozialkapital daher als die ererbte, über Jahrhunderte weitergegebene, sozialmoralische Grundausstattung einer Gesellschaft verstanden werden (vgl. Offe 1999: 117). Diese Grundausstattung, welche in informellen Institutionen weitergegeben wird, zeichnet sich durch eine große Stabilität und lange Lebensdauer aus. Allerdings dreht Putnam seine Argumentation in *BAa* sowie auch in seiner neusten Monographie *BAb* in Bezug auf Amerika um und „konstatiert die Gefährdung der amerikanischen Demokratie durch den Verlust sozialen Kapitals, ... der aber in den letzten zwanzig Jahren eingetreten sei" (Kunz 2000: 23). Putnam macht insbesondere die steigende Intensität des Fernsehkonsums sowie den Anstieg der Frauenerwerbsquote, die Veränderungen in den Arbeitsbeziehungen und die steigende Mobilität der Menschen für den Rückgang an Sozialkapital verantwortlich.[19]

> "In sum, the rise of electronic communications and entertainment is one of the most powerful social trends of the twentieth century. In important respects this revolution has lightened our souls and enlightened our minds, but it has also rendered our leisure more private and passive. More and more of our time and money are spent on goods and services consumed individually, rather than those consumed collectively. (...) Watching TV, videos, and computer windows onto cyberspace is ever more common. Sharing communal activities is ever less so" (Putnam 2000: 245).

Hier werden also gerade nicht die kulturell geprägten dauerhaften Dispositionen der Bürger, sondern eine drastische Veränderung der

---

[19] Einen kurzen Überblick über die Ursachen des Rückgangs an Sozialkapital bietet Putnam 1999b.

informellen institutionellen Strukturen für den Rückgang des Sozialkapitals verantwortlich gemacht. Der Rückgang des Sozialkapitals
wird als Konsequenz der schwächer werdenden sozialen Kontakte der
Bürger gesehen und auf strukturelle Veränderungen zurückgeführt.
An diesen Stellen spricht Putnam offensichtlich nicht im Rahmen eines
Erklärungszusammenhangs, der auf dem Prinzip der Nutzenmaximierung als Handlungsgesetz beruht. Stattdessen erklärt er sowohl in
MDW als auch in *BAb* das heutige Niveau des Sozialkapitals aus der
historischen Entwicklung der politischen Kultur (vgl. Putnam 2000:
346). So sieht er in den strukturellen Veränderungen den Grund dafür,
dass die Netzwerke sich auflösen und die gesellschaftlichen Möglichkeiten zum Erlernen der erforderlichen Reziprozitätsnormen nicht
mehr gegeben sind (vgl. Kap. 5.3.2).[20]

In diesem Kapitel wurde gezeigt, welcher Erklärungszusammenhang
im Rahmen des Sozialkapitalansatzes von Putnam verwendet wird.
Als zentraler Bestandteil wurde herausgearbeitet, dass erlerntes soziales Vertrauen die Lösung des Kooperationsproblems darstellt. Es wird
durch die wiederholte Begegnung in Netzwerken und durch dort erwartete und ausgeübte Reziprozitätsnormen ermöglicht. Die in dichten
Netzwerken erworbenen Kooperationsnormen sollen mittels Internalisierung dann auf gesamtgesellschaftlicher Ebene ihre Wirkung entfalten. Die internalisierten Reziprozitätsnormen werden als stabile und
dauerhafte kulturelle Disposition einer Gesellschaft verstanden. Putnam spricht in diesem Zusammenhang vom kulturellen Kapital einer
Gesellschaft. So konnte er eine Entwicklungslinie vom Mittelalter bis
ins ausgehende 20 Jahrhundert ziehen. Im nächsten Kapitel werden
die zugeschriebenen Wirkungen und Effekte im Rahmen des Sozialkapitalansatzes im Vordergrund stehen. Dabei wird der Grund für die
Popularität des Sozialkapitalansatzes deutlich, wird doch Sozialkapital
als Heilmittel für nahezu alle Zivilisationskrankheiten des 20. Jahrhunderts angesehen.

---

[20] Hier wird deutlich, dass Putnam zwei Erklärungsmuster parallel verwendet.
Einerseits werden Handlungen auf internalisierte Einstellungen zurückgeführt.
Andererseits sind Veränderungen in der Anreizstruktur für Verhaltensänderungen
verantwortlich. Auf die besondere Problematik dieser Vorgehensweise wird in
Kapitel 5.3.2 und 6.3 genauer eingegangen. An zentraler Stelle steht bei Putnam
jedoch die Erklärung kooperativer Handlungen über internalisierte Kooperationsnormen

3.3 Sozialkapital und abzuleitende Hypothesen

Dieses Kapitel behandelt Sozialkapital sowohl als abhängige Variable, indem die Frage geklärt wird, aus welchen Bedingungen heraus das Entstehen oder Vergehen von Sozialkapital zu erklären ist, als auch als unabhängige Variable, wenn nach den Wirkungen von Sozialkapital gefragt wird.[21] Ein Zitat, in welchem Putnam den Unterschied zwischen dem Norden Italiens und dem Süden zusammenfasst, gibt einen guten Einblick in die Bandbreite der zugeschriebenen Wirkungen. Er konstatiert zuerst für den Norden:

> „Social and political networks are organized horizontally, nor hierarchically. The community values solidarity, civic engagement, cooperation, and honesty. Government works. Small wonder that people in these regions are content. At the other pool are the 'uncivic' regions, aptly characterized by the French term incivisme. Public life in these regions is organized hierarchically. (…) From the point of view of the individual inhabitant, public affairs is the business of somebody else – I notabili, 'the bosses', 'the politicians' – but not me. Few people aspire to partake in deliberations about the commonweal, and few such opportunities present themselves" (Putnam 1993: 115).

Schon hier wird deutlich, dass die Effekte von Sozialkapital nicht nur auf gesamtgesellschaftlicher Ebene feststellbar sein sollen, sondern ihnen auch auf der Mikroebene, im individuellen Bereich, Wirkung zugeschrieben wird. So steigt z.B. die Zufriedenheit der Bürger mit dem Staat durch das Anwachsen von Sozialkapital. Die Anfälligkeit der Bürger für kriminelle Aktivitäten geht zurück. In Regionen mit einem hohen Grad an Sozialkapital werden häufiger Tageszeitungen gelesen, und man ist über die politischen Geschehnisse informiert. Bürgerliche

---

[21] Insbesondere Scheufele/Schah 2000, Wilson/Musick 1997, Warner 1999 und Hofferth/Boisjoly/Duncan 1999 beschäftigen sich mit dem Aufbau von Sozialkapital. Die Wirkungen und Effekte von Sozialkapital auf Individuen stehen bei Brehm/Rahn 1997 im Mittelpunkt. Helliwell/Putnam 2000, Guiso/Sapienza/Zingales 2000, Harrison/Huntington 2000, Kunz 2000a, Knack/Keefer 1997 und Dasgupta 2000 untersuchen den Zusammenhang zwischen Sozialkapital und der ökonomischen Entwicklung einer Volkswirtschaft. Bei Graf 1999 und Mols 2000 wird das Verhältnis zwischen Religion sowie Sozialkapital und ihrer Bedeutung für die normative Integration einer Gesellschaft thematisiert.

Einstellungen wie Ehrlichkeit, Vertrauenswürdigkeit und die Bereitschaft, Fremden einen Vertrauensvorschuss zu geben, sind in solchen Regionen und Gesellschaften weit verbreitet. Putnam stellt fest: „Yes, an impressive and growing body of research suggests that civic connections help make us healthy, wealthy and wise" (Putnam 2000: 287). Zudem entwickeln Bürger, die aktive und vertrauensvolle Beziehungen zu anderen Personen unterhalten, folgende sozial erwünschte Charakterzüge:

> „Joiners become more tolerant, less cynical, and more empathetic to the misfortunes of others. When people lack connections to others, they are unable to test the veracity of their own views, whether in the give-and-take of casual conversation or in more formal deliberation" (Putnam 2000: 288,289).

Zusammenfassend lassen sich exemplarisch folgende Hypothesen ableiten, die den Einfluss von Sozialkapital auf Individuen erfassen sollen:

- Je höher der Grad an Sozialkapital in einer Gesellschaft ist, desto zufriedener sind ihre Bürger (vgl. Putnam 2000: 287).

- Je höher der Grad an Sozialkapital in einer Gesellschaft ist, desto positiver verläuft die Entwicklung der Schulkinder (vgl. Putnam 2000: 302).

- Je höher der Grad an Sozialkapital in einer Gesellschaft ist, desto eher lassen sich Einstellungen wie Ehrlichkeit, Vertrauenswürdigkeit und Toleranz vorfinden (vgl. Putnam 1993: 111).

- Mitglieder, die aktiv in Netzwerken engagiert sind, erlernen dort eher Normen, die dann auch außerhalb der Netzwerke gegenüber Fremden handlungsrelevant werden, als unengagierte Menschen (vgl. Putnam 1993: 115).

Daneben lassen sich Effekte auf der Mesoebene feststellen. Gemeint sind Effekte, deren Wirkungen sich nicht allein an einzelnen Individuen bemerkbar machen. Beispielsweise werden auch Transaktionen zwischen zwei oder mehreren Bürgern durch Auswirkungen des Sozialkapitals ermöglicht.

> „Where people are trusting and trustworthy, and where they are subject to repeated interactions with fellow citizens, everyday business and social transactions are less costly. There is no need to spend time and money making sure

that others will uphold their end of the arrangement or penalizing them if they don't" (Putnam 2000: 288).

Demnach bietet ein hoher Grad an Sozialkapital den Bürgern die Möglichkeit, Handlungsdilemmata wie das Gefangenendilemma, die Trittbrettfahrerproblematik und die Problematik der Erstellung von Kollektivgütern aufzubrechen. Denn in Netzwerken lernen die Bürger Reziprozitätsnormen und soziales Verhalten, die es ihnen ermöglichen, vertrauensvolle Handlungen einzugehen. Für den Einfluss von Sozialkapital auf der Mesoebene lassen sich folgende Thesen finden:

- Je höher die Anzahl der Kontakte in einem Netzwerk ist, desto größer ist der Grad des Vertrauens, der anderen Mitgliedern des Netzwerkes entgegengebracht wird (vgl. Putnam 1993: 171-173).

- Je höher der Grad an sozialem Kapital ist, desto größer ist die Bereitschaft der Eltern, in der Schule der Kinder mitzuarbeiten (vgl. Putnam 2000: 301).

- Je länger ein Netzwerk existiert und je dichter die Kontakte darin sind, desto größer ist die Wahrscheinlichkeit, dass sich Kooperationsnormen darin herausbilden (vgl. Putnam 1993: 173, auch Campbell 2000).

- Personen, die in Netzwerken zusammengeschlossen sind, können leichter ihre ökonomischen Ziele verfolgen als Personen, denen es an Sozialkapital fehlt (vgl. Putnam 2000: 288).

Schließlich postuliert Putnam noch Effekte auf der Makroebene. So sei Sozialkapital nicht nur für das Florieren der Volkswirtschaft im Ganzen, sondern auch für die Performanz der Institutionen eines Landes verantwortlich.[22] Putnam beruft sich auf Arbeiten von Williamson und Ostrom (vgl. Williamson 1995, Ostrom 1993), die den Einfluss von Sozialkapital auf die ökonomische Entwicklung eines Landes nachweisen. Aber auch entwicklungstheoretische Arbeiten der Weltbank[23], auf die er in seinem neuesten Werk hinweist, beschäftigen sich intensiv mit

---

[22] Der Einfluss von Sozialkapital auf politische Prozesse und Institutionen wird vorwiegend in demokratietheoretischen Arbeiten rezipiert (vgl. Newton 1997 und Edwards/Foley 1996).
[23] Siehe die Arbeiten der ‚Social Capital Initiative' der Weltbank. Unter ihnen gibt einen guten Überblick über die bestehende Sozialkapitalliteratur Feldman/Assaf 1999 und Dasgupta/Seragledin 2000.

46

den positiven Auswirkungen von Sozialkapital auf die wirtschaftliche Entwicklung eines Landes (vgl. Putnam 2000: 325).

In *MDW* interessiert Putnam der Einfluss von Sozialkapital auf die Funktion der politischen Verwaltungen; in *BAa* sowie in *BAb* bezieht er sich auf das Funktionieren der gesamten amerikanischen Demokratie. Zusammenfassend lassen sich folgende Hypothesen in Bezug auf die zugeschriebenen Effekte auf der Makroebene bilden:

- Je höher der Grad an Sozialkapital in einer Gesellschaft ist, desto niedriger ist die Verbrechensrate (vgl. Putnam 2000: 310).

- Je höher der Grad an Sozialkapital in einer Gesellschaft ist, desto besser sind die Wachstumsraten ihrer Volkswirtschaft (vgl. Putnam 2000: 325 u. 1993b).

- Je höher der Grad an Sozialkapital in einer Gesellschaft ist, desto besser arbeiten die politischen Institutionen des Landes (vgl. Putnam 1993: 97).

- Je aktiver das Vereinsleben einer Gesellschaft ist, desto höher ist der Grad der politischen Partizipation der Bürger, die sich z.B. in der Wahlbeteiligung ausdrückt (vgl. Putnam 1999: 30, 31).

In diesem Kapitel wurde gezeigt, dass die Auswirkungen von sozialem Kapital bei Putnam sowohl auf individueller Ebene, als auf der Ebene der zwischenmenschlichen Beziehungen und auf gesamtgesellschaftlicher Ebene festzustellen sind. Sozialkapital wird für das Entstehen von bürgerlichen Einstellungen, von Reziprozitätsnormen, sowie für makroökonomische Veränderungen verantwortlich gemacht.

Es wurde gezeigt, dass Putnam zwei Erklärungsmuster in seinen Arbeiten verwendet. Auf der einen Seite verweist er an einigen Stellen auf das Prinzip der rationalen Handlungswahl, auf der anderen Seite verwendet er das Erklärungsmuster, das internalisierte Einstellungen zur Erklärung menschlichen Handelns heranzieht. Es konnte dargelegt werden, dass der Rückgriff auf internalisierte Einstellungen für sein Erklärungsziel der unterschiedlichen politischen Kultur in Italien fundamental ist und deshalb Vorrang genießt.

Inwieweit das Verwenden zweier Erklärungsmuster möglich ist und wie dieses Vorgehen erklärt werden kann, steht im Mittelpunkt von Kapitel 5.3 und 6.3. Dabei wird der Unterschied der beiden Erklärungsmuster insbesondere bei der Frage nach den Handlungsgründen der Individuen deutlich werden: Sind es Kosten-Nutzen-Abschätzungen rationaler Akteure oder ist es das Abrufen einer internalisierten Kooperationseinstellung, das Menschen motiviert, kooperative Handlungen einzugehen? Im nächsten Kapitel wird jedoch zunächst Coleman, ein weiterer Vertreter des Sozialkapitalansatzes, vorgestellt. Auch in diesem Zusammenhang werden die in Kapitel 2 herausgearbeiteten Bestandteile eines Paradigmas zur Anwendung kommen. Es wird deshalb wiederum nach dem Vokabular des Paradigmas, nach dem immanenten Erklärungsmuster des Sozialkapitalansatzes und nach den zugeschriebenen Effekten gefragt.

4 Der Sozialkapitalansatz von Coleman

Auch Colemans *Grundlagen der Sozialtheorie* erregten bei ihrer Veröffentlichung 1990 bzw. bei Erscheinen der dreibändigen deutschen Studienübersetzung 1995 großes Aufsehen.[24] Zum einen ist es das ambitionierte Vorhaben, eine Rekonstruktion der klassischen Soziologie auf der Grundlage handlungstheoretischer Überlegungen vorzunehmen, zum anderen sind es seine innovativen Ideen in Bezug auf Vertrauensbeziehungen, die Entstehung von Normen und die von ihm beschriebenen Wechselwirkungen zwischen sozialen Strukturen und individuellen Handlungsentscheidungen, die dazu einladen, Colemans Ausführungen zur Sozialtheorie genauer zu betrachten.[25]

Bemerkenswert ist auch die methodische Sorgfalt, mit welcher Coleman in seinem Werk vorgeht. So stellt er in Kapitel 1 des ersten Bandes seinen metatheoretischen Begründungsrahmen vor, an dem er sich in den folgenden Kapiteln orientiert. Demzufolge besteht eine sozialwissenschaftliche Erklärung aus drei Schritten.[26]

Erstens ist die auf der Makroebene liegende Struktur einer Handlungssituation zu berücksichtigen. Aus der speziellen sozialen Situation, der die Akteure ausgesetzt sind, lassen sich die Bedingungen ableiten, die ihrerseits die Handlungsmöglichkeiten der Akteure strukturieren. Im ersten Schritt werden über eine Makro-Mikro-Verbindung „die Erwartungen und die Bewertungen des Akteurs mit den Alternativen und den Bedingungen in der Situation" (Esser 1999a: 94 und vgl. 1999b) verknüpft. Dieser erste Schritt der sozialwissenschaftlichen Erklärung

---

[24] So beschäftigt sich 2/1992 und 1/1993 die Zeitschrift *Analyse und Kritik* mit dem Werk von Coleman. Siehe auch der Besprechungsessay von Michael Schmid in *Politische Vierteljahresschrift* 1996.

[25] Daneben werden noch Colemans Überlegungen aus *Social Capital in the Creation of Human Capital* in die Rekonstruktion seines Sozialkapitalansatzes einfließen.

[26] Eine gelungene Darstellung der sozialwissenschaftlichen Erklärungsmethodik findet sich neben Coleman 1995 Kap. 1 auch in Esser 1999a. Dort geht Esser unter anderem darauf ein, von welchem Autor dieser Erklärungsaufbau stammt bzw. entwickelt wurde. Für diese Arbeit soll es reichen, eine Unterscheidung von Makroebene und Mikroebene vorzunehmen. Auf die Darstellung der Mesoebene kann verzichtet werden. Unter Makroebene soll deshalb bei der Rekonstruktion des sozialwissenschaftlicher Erklärungsansatzes die überindividuelle Ebene verstanden werden.

wird häufig auch mit dem Begriff der ‚Logik der Situation' umschrieben. Ziel dieses Schrittes ist es, die subjektive Situationswahrnehmung eines Akteurs zu rekonstruieren.

In einem zweiten Schritt ist dann auf der Mikroebene ein Auswahlmechanismus in Form einer Handlungstheorie zu entwickeln, deren Funktion darin besteht, aus der Vielzahl der durch die Struktur der Situation ermöglichten Handlungen eine auszuwählen. Bei Coleman findet sich dazu folgende Bemerkung:

> „Zu diesem Zweck werde ich auf den Begriff der Rationalität, wie er in der Ökonomie verwendet wird, zurückgreifen, d.h. auf den Begriff, der dem rationalen Akteur in der ökonomischen Theorie zugrunde liegt. Dabei geht man davon aus, dass verschiedene Handlungen (...) für den Akteur von bestimmtem Nutzen sind und verbindet dies mit einem Handlungsprinzip, wonach der Akteur diejenige Handlung auswählt, die den Nutzen maximiert" (Coleman 1995: 17).

Für diese zweite Phase findet sich bei Esser der Begriff der ‚Logik der Selektion'. In ihr steckt der nomologische Kern der Erklärung. Ohne den zweiten Schritt kann nicht von einer Erklärung gesprochen werden, da sich der kausale Erklärungskern in der Verbindung zwischen Akteur und ausgewählter Handlung ausdrückt. Es sind die Bedingungen der sozialen Struktur einerseits und die akteursinternen Erwartungen und Bewertungen andererseits, welche die Auswahl der Handlung bestimmen.

In einem dritten Schritt wird die Verbindung von der Individualebene zur Ebene der sozialen Struktur wiederhergestellt. Mittels einer ‚Logik der Aggregation' kommt es zu einer Verknüpfung von individuellen Handlungen und kollektiven Folgen. Es bedarf gewisser Transformationsregeln, um die Aggregation der individuellen Handlungen zu einem kollektiven Explanandum zu erklären. Kollektive Phänomene wie Staus auf der Autobahn, Demonstration, aber auch das Wettrüsten zwischen Staaten sind nur vor dem Hintergrund der Aggregation der individuellen Einzelhandlungen zu einem kollektiven Phänomen zu verstehen.

Struktur einer Mehrebenenerklärung nach Coleman

Makroebene	soziale Sruktur	veränderte soziale Struktur

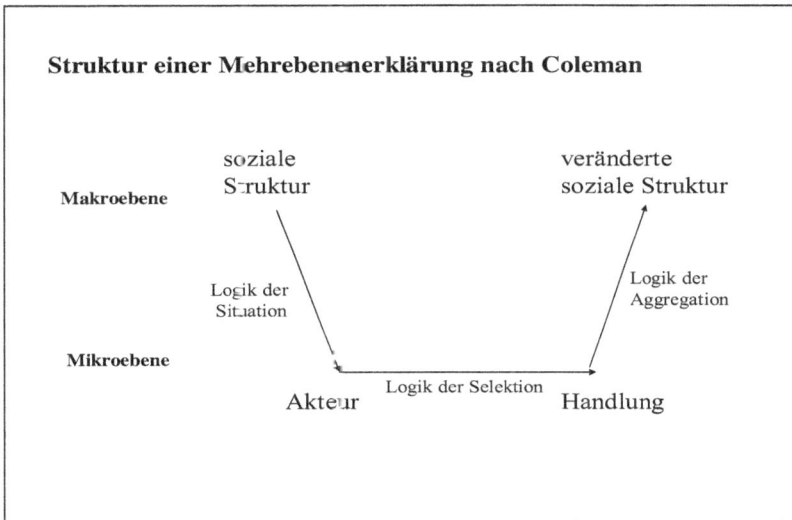

Für den Sozialkapitalansatz von Coleman bedeutet dies, dass kooperative Handlungen in bestimmten sozialen Strukturen als beste rationale Handlungsmöglichkeiten ausgewählt werden und dass diese dann wiederum Effekte auf der Makroebene haben Sie stärken ihrerseits wieder Strukturen, die kooperative Handlungen fördern. Wie dieser Mechanismus im Einzelnen funktioniert, soll im Folgenden gezeigt werden.

Dabei muss an dieser Stelle noch einmal darauf hingewiesen werden, dass Sozialkapital sowohl als Ausgangspunkt einer Mehrebenenerklärung herangezogen werden kann, wie es auch als Explanandum einer solchen fungieren kann. Im ersten Fall geht es um die Wirkung von Sozialkapital auf das Handeln von Akteuren. Im zweiten Fall gilt es zu erklären, wie es zu einem gewissen Niveau an Sozialkapital gekommen ist. Sozialkapital kann damit sowohl als unabhängige wie auch als abhängige Variable betrachtet werden.

4.1 Die Elemente des Sozialkapitals

Coleman versteht unter Sozialkapital ein Kapitalvermögen des Individuums, das aus den sozialen Beziehungen resultiert.

> „Soziales Kapital wird über seine Funktion definiert. Es ist kein Einzelgebilde, sondern ist aus einer Vielzahl verschiedener Gebilde zusammengesetzt, die zwei Merkmale gemeinsam haben. Sie alle bestehen nämlich aus irgendeinem Aspekt einer Sozialstruktur, und sie begünstigen bestimmte Handlungen von Individuen, die sich innerhalb der Struktur befinden. (...) Anders als andere Kapitalformen wohnt soziales Kapital den Beziehungsstrukturen zwischen zwei oder mehr Personen inne" (Coleman 1995: 392).

Wie Putnam verweist auch Coleman bei der Definition von Sozialkapital auf die ihm zugeschriebene Funktion.[27] Nach Coleman kommen zwei Dinge zusammen: Erstens besteht Sozialkapital aus einem Aspekt der Sozialstruktur, und zweitens werden bestimmte Handlungen von Individuen, die sich innerhalb der Struktur befinden, begünstigt. Dabei wurde bisher noch nicht deutlich, welcher Art diese Handlungen sind. Gemeint sind Handlungen, die Coleman als vertrauensvolle Handlungen auffasst. Für charakteristische Elemente, die diese vertrauensvollen Handlungen begünstigen, hält er den Informationsfluss, der dichten sozialen Beziehungen eigen ist, und die Normen, deren Einhaltung durch Sanktionen gesichert wird. Sowohl was das Ausmaß der Informationen über die Interaktionspartner als auch was die Entstehung und Einhaltung von Normen anbelangt, wird die Dichte der sozialen Beziehungen, also der Netzwerke, als Erklärungszusammenhang angeführt.

Sozialkapital ist bei Coleman somit eine Ressource, die kooperatives und vertrauensvolles Handeln ermöglicht. Anders als Humankapital oder ökonomisches Kapital ist es keine Ressource, über die ein Individuum alleine verfügt, sondern es ist eine Ressource, die den Beziehungen der Akteure innewohnt. Im weiteren Verlauf des Kapitels sollen die empirischen Entsprechungen für den Vertrauensbegriff, für Normen und Netzwerke herausgearbeitet werden.

---

[27] Es verwundert nicht, dass sich bei Putnam ähnliche Formulierungen finden, da er sich in *MDW* explizit auf Coleman bezieht.

Unter Netzwerken versteht Coleman Beziehungen zwischen zwei oder mehr Personen, die sich durch häufige Interaktionen und Kommunikation auszeichnen. So sind z.B. radikale Studentengruppen, Elternvertretungen in Schulen, religiöse Vereinigungen, Nachbarschaftsbeziehungen, aber auch das Arzt–Patienten–Verhältnis Musterbeispiele für Netzwerke (vgl. Coleman 1995: 393-395).

Normen sind nach Coleman Regeln in einer Sozialstruktur, die helfen, Handlungen im Interesse von Personen zu kontrollieren, die nicht mit dem handelnden Akteur identisch sind (vgl. Coleman 1995: 381). Empirisch hat man sich Folgendes darunter vorzustellen:

> „Eine präskriptive Norm, die eine besonders wichtige Form von sozialem Kapital innerhalb eines Kollektivs darstellt, ist die Norm, dass man Eigeninteressen zurückstellen sollte, um im Interesse des Kollektivs zu handeln. Eine Norm dieser Art, die durch soziale Unterstützung, Status, Ansehen und andere Belohnungen untermauert wird, ist das soziale Kapital, aus dem junge Nationen aufgebaut werden (..), das die Entwicklung neu entstehender sozialer Bewegungen aus einer kleinen Gruppe (...) begünstigt und im allgemeinen Personen dazu bringt, für das öffentliche Wohl zu arbeiten" (Coleman 1995: 403).

Normen dienen also dazu, das Problem der Entstehung öffentlicher Güter zu überwinden. Sie gewährleisten durch die Möglichkeit der Sanktionierung das Entstehen von Vertrauen.

Der Vertrauensbegriff wird von Coleman in einer Bedeutung verwendet, die vom normalsprachlichen Gebrauch abweicht. Vertrauen meint im Zusammenhang mit seinem Sozialkapitalansatz nicht ein ‚metaphysisches Grundvertrauen' gegenüber anderen Personen, sondern die rationale Wahl einer Handlungsalternative unter Risiko oder auch in seltenen Fällen unter Unsicherheit.[28] Von Vertrauen spricht man also, wenn die Erwartung, dass eine einseitige Vorleistung nicht hintergangen wird und somit dem Vertrauensgeber ein Nutzen entsteht, höher ist als die Erwartung, dass der Vertrauensnehmer das Vertrauen enttäuscht und die einseitig getätigte Vorleistung von ihm ausgenutzt

---

[28] Handlungen unter Risiko unterscheiden sich von Handlungen unter Unsicherheit dadurch, dass für Handlungen unter Risiko die Angabe einer Erwartungswahrscheinlichkeit möglich ist, während Handlungen unter Unsicherheit im Ungewissen, also ohne Wissen um eine Erwartungswahrscheinlichkeit, ausgeführt werden müssen (vgl. Kunz 1997: 72). Zum Vertrauensbegriff siehe auch Gambetta 1988.

wird (vgl. Coleman 1995: 132). Mit einfachen Worten: Eine Handlung wird dann ausgeführt, wenn der erwartete Gewinn größer ist als der erwartete Verlust.

Als empirisches Beispiel führt Coleman das bereits geschilderte System der ‚rotating credit association' sowie das Auftreten von Stimmentausch unter Abgeordneten im amerikanischen Repräsentantenhaus an. Dabei stimmt ein Abgeordneter unabhängig von seiner Parteizugehörigkeit für ein Gesetz, das die Klientel eines anderen Abgeordneten bedient. Er tut dies in der Erwartung, dass der einmal zufrieden gestellte Abgeordnete dann bei einem anderen Gesetz in seinem Sinne abstimmt.

Damit ist das Vokabular des Sozialkapitalansatzes von Coleman herausgearbeitet. Durch die Angabe des semantischen Gehalts der Begrifflichkeiten sowie durch das Aufzeigen des entsprechenden empirischen Gegenstandsbereichs wurden die Begriffe Netzwerk, Normen und Vertrauen außerdem inhaltlich gefüllt. Nun gilt es zu zeigen, auf welche Weise die Begriffe miteinander verknüpft sind. So wird sich herausstellen, unter welchen strukturellen Voraussetzungen die Bedingungen zur Entstehung von Vertrauen und von Normen der Gegenseitigkeit gegeben sind. Dabei wird ein besonderer Schwerpunkt auf den Mechanismus der Vertrauensvergabe gesetzt, weil er das zentrale Element des Sozialkapitalansatzes darstellt.

4.2 Der Erklärungszusammenhang des Sozialkapitalansatzes

Coleman nähert sich der Idee des sozialen Kapitals einer Gesellschaft oder einer Gruppe zuerst über die Darstellung der Vertrauensvergabe in einem einfachen Zwei–Akteure–Handlungssystem. Dabei muss aber beachtet werden, dass Sozialkapital erstens als unabhängige Variable auf der Makroebene die Voraussetzung für den Austausch auf der Mikroebene schafft und zweitens als abhängige Variable in Folge der vertrauensvollen Handlung auf der Makroebene bestätigt und bestärkt wird. „Sozialkapital ist also sowohl Folge wie Voraussetzung des sozialen Austauschs" (Matiaske 1999: 134). Deshalb ist es zunächst sinnvoll, sich eine einmalige Transaktion zwischen zwei Akteuren anzusehen, bevor das dynamische System rekonstruiert wird.

> „Manchmal nimmt ein Akteur eine einseitige Kontrollübertragung über bestimmte Ressourcen auf einen anderen Akteur vor, die auf der Hoffnung oder der Erwartung basiert, dass die Handlungen des anderen seine Interessen besser befriedigen, als es die eigenen Handlungen tun würden. Gewissheit darüber kann er aber erst einige Zeit nach der Übertragung erlangen" (Coleman 1995: 114).

Das Handlungssystem sieht folgendermaßen aus: Es existieren zwei Akteure. Akteur A verfügt über eine gewisse Ressource, von der er annimmt, dass Akteur B diese besser in seinem Sinn verwerten kann als er selbst. Akteur A nimmt darum eine einseitige Ressourcenübertragung auf Akteur B vor. Dieser hat nun zwei Möglichkeiten. Er kann das Vertrauen rechtfertigen, indem er den erhofften Nutzen für Akteur A erwirtschaftet. In dem Fall rechnet er damit, belohnt zu werden. Oder er kann das Vertrauen ausnutzen und die erbrachte Vorleistung ohne Gegenleistung einstreichen.

Durch die zeitliche Asymmetrie der Handlungen existiert ein gewisses Risiko für Akteur A. In einer Situation unter Unsicherheit würde Akteur A auf eine solche Transaktion niemals eingehen, da er annehmen muss, dass Akteur B den Vertrauensvorschuss missbraucht. Unter Unsicherheit wäre es Akteur A unmöglich, einzuschätzen, wie groß das Risiko ist, dass seine vertrauensvolle Handlung hintergangen wird. Es gibt nun zwei Möglichkeiten, wie diese Transaktion dennoch zu Stande kommen kann: Die eine ist die, dass es nicht bei der einmaligen

Transaktion bleibt, die andere, dass die Transaktion nicht unter Unsicherheit, sondern unter Risiko stattfindet.

Der Mechanismus bei wiederholten Handlungen besteht in der Annahme des Akteurs B, dass ihm zukünftige Gewinne verloren gehen, wenn er bei einer Transaktion die vertrauensvolle Vorleistung hintergeht. Die durch wiederholte Interaktion zu erwartenden Belohnungen müssen in der Summe, größer sein als der Gewinn, der durch die einmalige Ausnutzung der erbrachten Vorleistung auf Akteur B fallen würde.[29] Denn nur die Bestätigung des Vertrauens eröffnet die Möglichkeit auf zusätzliche Gewinne. Colemans Hauptaugenmerk gilt jedoch Handlungen unter Risiko.

> „Normalerweise wird bei der Entscheidung für oder gegen die Beteiligung an der Handlung das Risiko mit einkalkuliert. Dies lässt sich allgemein unter den Begriff des ‚Vertrauens' fassen" (Coleman 1995: 115).

Nach Coleman sind mindestens drei Punkte für die Vertrauensvergabesituation unter Risiko charakteristisch (vgl. Coleman 1995: 124):

- Erstens gehört zur Vertrauensvergabe, dass Akteur A Akteur B Ressourcen zur Verfügung stellt, die dieser zum eigenen Gewinn, zum Gewinn von Akteur A oder zu beiderseitigem Gewinn einsetzten kann.

- Zweitens verbessert der Treugeber seine Position, wenn Akteur B, der Treuhänder, vertrauenswürdig ist, und er verschlechtert seine Position, wenn der Treuhänder das Vertrauen ausnutzt.

- Drittens beinhalten alle Vertrauenshandlungen eine Zeitverzögerung zwischen der Handlung des Treugebers und der Handlung des Treuhänders. Darin liegt das Risiko der Handlung.

- Als vierter Punkt kann hinzukommen, dass der Treugeber dem Treuhänder Ressourcen zur Verfügung stellt, ohne eine formale Verpflichtung des Treuhänders in Form eines bindenden Vertrages zu besitzen.

---

[29] Problematisch wird das Vertrauensspiel dann, wenn Akteur B weiß, dass dies die letzte Interaktion mit Akteur A ist. Denn in diesem Fall wäre es für Akteur B rational, die einseitige Vorleistung seitens des Akteurs A auszunutzen und das Vertrauen zu brechen. Da Akteur A sich darüber wiederum im Klaren ist, würde er dann eine Runde vorher aufhören, woraufhin natürlich Akteur B reagieren würde. Wichtig ist demnach, dass das Ende der Interaktionen nicht bekannt ist.

Der Grund, warum in vielen Situationen kein bindender Vertrag existiert, ist in der Tatsache zu sehen, dass für den politischen bzw. sozialen Bereich kein einheitlicher Wertmaßstab für die Leistungen existiert, die der Treugeber dem Treuhänder zur Verfügung stellt. Somit besteht für den Treugeber die Notwendigkeit, das Risiko, das er durch seine Transaktionen eingeht, abzuschätzen. Coleman vergleicht die Situation der Vertrauensvergabe mit der einer Wette und formuliert dafür folgendes Gesetz:

> „Wenn die Chance zu gewinnen relativ zu der Chance zu verlieren größer ist als das Ausmaß des Verlustes (falls er verliert) relativ zum Ausmaß des Gewinns (falls er gewinnt), kann er mit dem Eingehen der Wette einen Gewinn erwarten. Und wenn er rational handelt, sollte er sie abschließen" (Coleman 1995: 125).

Der Treugeber steht vor der Wahl, das Vertrauen nicht zu vergeben, was keinerlei Veränderung des Nutzens nach sich ziehen würde, oder das Vertrauen zu vergeben, wenn die Wahrscheinlichkeit (p) auf einen Gewinn (G) größer ist als die Wahrscheinlichkeit (1-p) auf einen möglichen Verlust (L). Formalisiert sieht dieses Gesetz folgendermaßen aus (vgl. Coleman 1995: 126):

II. Formalisiertes Handlungsgesetz nach Coleman:

$$\frac{p}{1-p} > \frac{L}{G}$$

oder umgestellt, was Coleman zwar nicht macht, die Formel aber vereinfacht

$$p*G > (1-p)*L$$

p = Wahrscheinlichkeit der Vertrauenswürdigkeit des Treuhänders
L = möglicher Verlust
G = möglicher Gewinn

Des Weiteren nimmt Coleman an, dass die problematische Größe unter den dreien p ist, also die Wahrscheinlichkeit der Rechtfertigung des Vertrauens. Um p einschätzen zu können, benötigt der Akteur Informationen über seinen Transaktionspartner.[30] Wie viel Arbeit man in die Informationssuche investiert, ist abhängig von der Höhe des möglichen Gewinns bzw. Verlusts. Erleichtert wird die Informationssuche, wenn die Transaktion innerhalb eines Netzwerkes stattfindet. So kann man Vertraute fragen, inwieweit der mögliche Treuhänder vertrauenswürdig ist. Vertraute sind Akteure, mit denen man schon in der Vergangenheit Transaktionen abgewickelt hat und die das Vertrauen nicht enttäuscht haben.

Vielleicht ist es aber auch nicht der erste Handel, den man mit dem möglichen Transaktionspartner eingeht, und man kann auf bereits gewonnene Erfahrung zurückgreifen. Coleman spricht in diesem Zusammenhang vom Erwerb einer Standardeinschätzung p* aufgrund von Kostenabwägungen. Mit der Anzahl der erfolgreich abgeschlossenen Transaktionen wächst die Vertrauenswürdigkeit des Interaktionspartners.[31] Außerdem senkt der Erwerb einer Standardeinschätzung die Höhe der Informationskosten für zukünftige Handlungen (vgl. Coleman 1995: 132). Coleman betont interessanterweise, dass man nicht nur eine Standardwahrscheinlichkeit für den Umgang mit Bekannten entwickelt, sondern darüber hinaus auch eine Einschätzung der Vertrauenswürdigkeit von unbekannten Personen. So entwickeln die Akteure aufgrund ihrer Erfahrungen im Umgang mit anderen Akteuren gewisse Schätzwerte, die sie bei zukünftigen Transaktionen mit Fremden zur Reduzierung der Informationskosten einsetzen können.

Als ein Musterbeispiel für die Vergabe von Vertrauen führt Coleman die Situation an, in der ein Reeder aus Norwegen den Abteilungsleiter einer Bank in London anruft und um Hilfe bittet. Eines seiner Schiffe sei gerade auf einer Amsterdamer Werft repariert worden, und die Werft gebe das Schiff erst frei, wenn eine Barzahlung in Höhe von 200 000 Pfund erfolgt sei. Ansonsten müsse das Schiff über das Wochenende liegen bleiben, was einen Verlust von 20 000 Pfund für den Reeder bedeuten würde. Der Bankangestellte reagiert sofort und lässt die Amsterdamer Filiale die erforderliche Summe an die Werft über-

---

[30] Zur Rolle von Informationen bei der Vertrauensvergabe vgl. Laumann/Sandefur 1998, Freitag 2000 und Burt 1999.
[31] Mittels der Standardeinschätzung gelingt Coleman der Übergang von einer einfachen Vertrauensbeziehung zu einem dynamischen System. Diese Überlegungen erinnern stark an den Frame-Begriff, wie er von Esser verwendet wird (vgl. Esser 2001).

weisen (vgl. Coleman 1995: 116). Obwohl in diesem Fall kein Vertrag existierte und die einzige Sicherheit die Absicht des Reeders war, das Geld zurückzuzahlen, vertraute der Banker dem Reeder. Der Grund dafür ist in der Tatsache zu sehen, dass der Reeder in der Vergangenheit schon öfter Transaktionen mit der Bank abwickelte und die Bank ein Interesse daran hat, die Geschäftsbeziehung beizubehalten, um sich zukünftige Gewinne zu sichern.

Der Einfluss von Netzwerken auf die Vertrauensvergabe besteht also in der Dichte und Häufigkeit der Kontakte der Akteure, die sich in ihnen bewegen. Es ist das Informationspotential, das die sozialen Beziehungen in sich bergen, das eine notwendige Voraussetzung zur Schaffung einer Handlungsgrundlage für die Akteure darstellt (vgl. Coleman 1995: 402).[32] Im Netzwerk kann man auf Vertraute zurückgreifen und sich so ohne großen Suchaufwand Informationen über den möglichen Treuhänder besorgen. Außerdem gewährleistet die Dichte des Netzwerkes einen hohen Grad an Wahrscheinlichkeit, dass es nicht bei einer einmaligen Transaktion bleiben wird. Dies setzt für den Treuhänder den Anreiz, das Vertrauen nicht zu hintergehen, um sich nicht selbst die Möglichkeit zukünftiger Gewinne zu nehmen. Außerdem hätte der Treuhänder einen Reputationsverlust hinzunehmen, wenn er das Vertrauen einmal brechen würde. Denn die Information darüber würde vom Treugeber sicher an Vertraute weitergegeben, wodurch die Aussicht des Treuhänders auf weitere Gewinne in diesem Netzwerk eindeutig geschmälert wäre. Das Eingebundensein in Netzwerke setzt also strukturelle Anreize, die kooperative Handlungen als rationale Wahl begünstigen.[33]

Als Musterbeispiel für die Effekte von Netzwerken dient Coleman ein Sozialwissenschaftler, der sich, weil er über laufende Forschungen auf benachbarten Gebieten informiert sein möchte, bei seinen täglichen informellen Kontakten mit den Kollegen über den Forschungsstand informiert. Dies macht nur solange Sinn, wie er der Kompetenz und dem

---

[32] Zwar fällt der Begriff nicht explizit, aber Coleman argumentiert hier mit der Wirkung sozialer Netzwerke, die Transaktionskosten in problematischen Handlungskontexten zu senken (vgl. Faust/Marx 2004; Voigt 2002: 61 f.).

[33] Die Verbindung von Netzwerkansätzen mit Rational Choice–Ideen findet sich neben Coleman auch bei Granovetter 1985, Burt 1992 und im deutschen Raum bei Preisendörfer/Voss 1988. Einen knappen Überblick bietet der Artikel von Sandefur/Laumann 1998.

guten Willen der Kollegen traut (vgl. Coleman 1995: 403). Die sozialen Beziehungen sind den Akteuren insofern wertvoll, als sie ein Informationspotential bereithalten, das Grundlage für ihr zukünftiges Handeln ist.

Ein weiteres Beispiel schildert Coleman bei seinen Ausführungen zur Vertrauensproblematik: Ein Bauer ist in eine neue Gegend gezogen. Er ist gerade dabei das Heu zu pressen, als seine Balkenpresse kaputtgeht. Außerdem ist das Wetter schlecht und die Regenwahrscheinlichkeit hoch. Ein Regen aber würde die gesamte Heuernte vernichten. Ein Nachbar, der bei der Heuernte hilft, bittet einen ihm bekannten Bauern mit seiner Heupresse auszuhelfen. Der Bauer kommt und noch ehe der Regen einsetzt, ist das Heu in der Scheune (vgl. Coleman 1995: 118). Obwohl er den zugezogenen Bauern nicht kennt, hilft er ihm unentgeltlich bei der Heuernte. Der Grund dafür liegt in den sozialen Beziehungen, die er zum vermittelnden Nachbarn hat, und in seinem Wissen, dass die Bauern in der Gegend zusammenhalten und sich gegenseitig helfen, wenn ,Not am Mann ist': „Jeder Bauer ist bereit, an solchen gemeinsamen Unterstützungsaktionen teilzunehmen, weil er davon ausgehen kann, dass alle anderen Bauern ebenso bereit sein werden, ihm zu helfen" (Braun 1999: 252). So hat die einseitige Vorleistung des helfenden Bauern die Funktion eines immateriellen Kredits, der zu gegebener Zeit vom neuen Bauern zurückgezahlt wird.

> „If A does something for B and trusts B to reciprocate in the future, this establishes an expectation in A and an obligation on the part of B. This obligation can be conceived as a credit slip held by A for performance by B" (Coleman 1988: 102).

Der Nachbar, der beide Parteien kennt und dem beide Parteien vertrauen, fungiert gleichsam als Garant. Dieses Vertrauen bezeichnet Coleman auch als ,Vertrauen über Intermediäre'. Allerdings spielt bei diesem Beispiel auch schon der letzte, noch fehlende Bestandteil der Sozialkapitaltheorie eine Rolle: die Normen.

Normen sind nach Coleman Eigenschaften des sozialen Systems, deren Funktion darin besteht, zu spezifizieren,

> „welche Handlungen von einer Menge von Personen als angemessen oder korrekt oder als unangemessen oder inkorrekt angesehen werden. Sie werden bewusst erzeugt, insofern als diejenigen Personen, die eine Norm ins Leben rufen oder sie unterstützen, sich einen Gewinn versprechen, solange die Norm be-

folgt wird, und sich beeinträchtigt fühlen, wenn sie verletzt wird" (Coleman 1995: 313).

Coleman definiert Normen als Regeln, welche das Kontrollrecht über eine Handlung vor einem Akteur auf andere Akteure übertragen. Dementsprechend existiert keine Norm, solange der Akteur das Recht behält, seine Handlung zu kontrollieren. „Eine Norm existiert nur dann, wenn andere sich das Recht anmaßen, die Richtung, die die Handlung eines Akteurs nehmen wird, zu beeinflussen" (Coleman 1995: 314). Notwendig wird die Kontrolle der Handlungen anderer, wenn die Handlung externe Effekte hat, also wenn Konsequenzen für Akteure auftreten, die ursprünglich keine Kontrolle über die Handlung ausüben.[34] Dabei vermeidet es Coleman, eine Erklärung der Entstehung von Normen mittels ihrer Funktion zu geben (vgl. Kap. 3.2). Vielmehr führt er an, dass zur Entstehung einer Norm zwei Bedingungen erfüllt sein müssen:

- Erstens muss eine Handlung für eine Anzahl von Personen ähnliche externe Effekte aufweisen. Somit entsteht bei den betroffenen Personen ein allgemeines Bedürfnis nach einer Norm zur Kontrolle dieser Handlung (vgl. Coleman 1995: 311-334).

- Zweitens muss die Möglichkeit gegeben sein, dass die Akteure wirksame Sanktionen verhängen können, da sonst nicht von einem Übergang des Kontrollrechts gesprochen werden kann. Dabei entsteht das Problem, dass Sanktionen Kosten verursachen und somit selbst den Status eines öffentlichen Gutes haben: „Anders ausgedrückt sind rational handelnde Nutznießer einer Norm unter dieser Bedingung entweder in der Lage, die durch die Sanktion der Zielakteure entstehenden Kosten gleichmäßig aufzuteilen, oder in der Lage, für die Menge der Nutznießer Sanktionen zweiter Ordnung zu schaffen, die ausreichen, einen oder mehrere Nutznießer zu wirksamen Sanktionen der Zielakteure zu veranlassen" (Coleman 1995: 353).[35]

---

[34] Zur Entstehung von Normen siehe auch Kirchgässner 1998, Opp 1983 und Schmid 1995.

[35] Coleman erwähnt neben der Möglichkeit von äußeren Sanktionen zur Aufrechterhaltung von Normen auch die Möglichkeit ihrer Internalisierung. Allerdings weist er selbst auf den Widerspruch zwischen der Internalisierung von Normen und seinem eigentlichen Anliegen, die Entstehung von Kooperation aus der An-

Als Musterbeispiel nennt Coleman folgende Situation: Eine Mutter geht mit ihrem dreijährigen Kind in Berlin auf dem Bürgersteig, als das Kind ein Bonbon auspackt und das Papier auf den Boden wirft. Eine ältere Frau, die den Vorgang beobachtet, geht zu dem Kind, schimpft es und macht der Mutter Vorhaltungen, da sie das Kind nicht ermahnt hat (vgl. Coleman 1995: 316). Das Beispiel illustriert die Sanktionierung und Überwachung sozialer Normen durch Kommunikation.

Als weiteres Beispiel führt Coleman Kleidungsregeln muslimischer Frauen an. Das Tragen von schwarzer Kleidung und von Schleiern unterstreiche die Gruppensolidarität und die Abgrenzung gegenüber Außenstehenden. Aber auch Fairness- und Reziprozitätsnormen erklären sich über diesen Mechanismus. Schon im vorigen Abschnitt wurde das Beispiel des Bauern geschildert, dem ein anderer Bauer bei der Heuernte zu Hilfe kommt. Dies ist nicht nur ein Beispiel für die Effekte, die beim Handeln in Netzwerken entstehen können, sondern auch ein Beispiel dafür, wie Normen in solchen Kontexten handlungsrelevant werden. Daneben nennt Coleman noch eine weitere Form von sozialem Kapital, die eng mit der Idee der Übertragung von Kontrollrechten auf andere zusammenhängt. Es ist die Übertragung von Kontrollrechten vieler Akteure auf genau einen Akteur, der dadurch eine enorme Machtfülle erhält. Dennoch stellt auch diese Herrschaftsbeziehung eine Form von sozialem Kapital dar, weil durch die Autorität des Anführers ebenfalls das Problem des Trittbrettfahrens überwunden werden kann.

---

reizstruktur der Situation heraus zu erklären, hin. Coleman liefert im 19. Kapitel seiner *Grundlagen der Sozialtheorie* einen möglichen Lösungsweg, die Internalisierung von Normen in den Rational-Choice-Ansatz zu integrieren. Coleman entwickelt eine Theorie, in der er den Prozess der Norminternalisierung sowie des Normwandels eines Akteurs mit dem Prinzip der Nutzenmaximierung erklärt. Bedauerlicherweise wird dieser Aspekt von Colemans Arbeit in der Sekundärliteratur bisher kaum beachtet. Eine Darstellung dieser Überlegungen würde den Rahmen der Arbeit überschreiten, da sie eine intensive Beschäftigung mit psychologischen Theorien des Selbst verlangen würde. Neben Kapitel 19 wären für ein solche Arbeit vor allem Colemans Bemerkungen zur Erziehung und zum Wandel der Familie von Bedeutung, die er unter Teil IV: Die Moderne Gesellschaft, Kap. 21 und 22 abhandelt. Letztlich laufen diese Überlegungen auf eine Theorie der Präferenzentstehung hinaus. Damit bieten die Überlegungen einen Anknüpfungspunkt die Theorie sozialer Produktionsfunktionen nach Lindenberg (1989) sowie die Framing-Theorie nach Esser (2001).

Es konnte also gezeigt werden, dass sich die Vertrauensvergabe als Handlung unter Risiko beschreiben lässt. Ein Akteur leistet in diesem Fall eine einseitige Vorleistung und riskiert, dass sein Vertrauen hintergangen wird. Des Weiteren wurde deutlich, dass sich gewisse soziostrukturelle Faktoren wie Häufigkeit der Kontakte, Dichte des Netzwerkes und Informationen über den Transaktionspartner positiv auf die Wahrscheinlichkeit der Vertrauensvergabe auswirken, da sie das Risiko des Vertrauensbruchs verringern. Schließlich bieten Netzwerke auch den Rahmen, innerhalb dessen es zur Entstehung von Normen kommen kann. Diese verkleinern ihrerseits das Risiko des Vertrauensbruchs. Umgekehrt schwindet mit den sozialen Strukturen, wenn sich Netzwerke wieder auflösen, auch ihr positiver Einfluss auf die Vertrauensvergabe.

Der Sozialkapitalansatz beschreibt insofern ein Set aus Faktoren, deren Eigenschaft es ist, den Moment der Vertrauensvergabe zu ermöglichen und erklärt, unter welchen Umständen die Vertrauensvergabe zwischen zwei oder mehr Personen zustande kommt. Dieses Phänomen wird Kooperation genannt. Im nächsten Abschnitt stehen die Effekte von Sozialkapital bei Coleman im Vordergrund. Dabei wird deutlich werden, dass es ein Merkmal von Sozialkapital ist, sich bei seinem Gebrauch zu kumulieren. Umgekehrt ist bei einem Rückgang der Benutzung von sozialem Kapital dementsprechend auch ein Rückgang der Ressource an sozialem Kapital festzustellen.

4.3 Sozialkapital nach Coleman und ableitbare Hypothesen

„Sozialkapital wird über seine Funktion definiert", liest man bei Coleman (vgl. Coleman 1995: 392). Doch was ist die Funktion von sozialem Kapital? Die Funktion besteht darin, kooperative Handlungen von Individuen zu begünstigen. Die Wirkung von Sozialkapital ist also nicht wie bei Putnam in erster Linie für Effekte auf der Makroebene verantwortlich, sondern zeigt sich zunächst in erster Linie auf der Individualebene. Natürlich lassen sich dann über den Schritt der Aggregation der individuellen Handlungen auch Phänomene auf der Makroebene erklären. [36] Coleman betrachtet Sozialkapital jedoch nicht nur als unabhängige, sondern auch als abhängige Variable. Beide Aspekte sollen hier berücksichtigt werden.[37] Es werden deshalb hier sowohl die Bestimmungsfaktoren wie auch die Effekte von Sozialkapital vorgestellt.

Bei Newton findet sich folgendes Zitat, welches den Einfluss von Sozialkapital auf das normale Leben hervorhebt:

> „Social Capital is, therefore, responsible for converting the Hobbesian state of nature in which life is nasty, brutish, and short, to something less dangerous and more pleasant. It forms the foundations of a cooperative and stable social and political order that encourages voluntary collective behavior, and it generates the goodwill and understanding that enables citizens to resolve their conflicts peacefully" (Newton 1997: 576).

Dieses Zitat wird verständlich, wenn man sich noch einmal die Handlungsweise unter Unsicherheit und unter Risiko vergegenwärtigt. Dabei zeigt sich, dass der wichtige Unterschied zwischen beiden Handlungsweisen das Informationsniveau ist, auf dessen Grundlage die

---

[36] Häufig wird dieser Zusammenhang in vergleichenden Studien untersucht (vgl. etwa Bornschier 2000). Insbesondere Knack und Keefer haben die wirtschaftlichen Effekte von Sozialkapital untersucht (vgl. Knack/Keefer 1997; zum Überblick Voigt 2002: 166 f.). Generell sind empirische Studien zu Colemans Sozialkapitalansatz rar. Insbesondere Studien, die behaupten, sich sowohl auf Putnam als auch auf Coleman zu beziehen, sind mit Vorsicht zu genießen (vgl. Onyx/Bullen 2000, Guiso/Sapienza/Zingalez 2000).

[37] Insbesondere Greeley 1997 betont die Faktoren, die zur Entstehung von Sozialkapital beitragen. Vgl. auch Preisendörfer 1995, Rothstein 2000, Torsvik 2000, die den Vertrauensaspekt betonen. Die Rolle von Schule und Lehrern wird von Smyth 2000 thematisiert.

Wahl unter Handlungsalternativen getroffen werden muss. Aufgrund der strukturellen Einbettung der Handlung im Fall unter Risiko kann die vertrauensvolle Handlung zur rationalen Wahl werden, bei der beide Parteien aus der Transaktion einen Nutzen davontragen. Es lassen sich einige interessante Hypothesen aus Colemans Überlegungen ableiten, die erste Hinweise auf mögliche Bestimmungsfaktoren sowie auch die Effekte sozialen Kapitals liefern. Allerdings sind die Überlegungen von Coleman keineswegs so ausgearbeitet, dass sich hier bereits klare Hypothesen ableiten ließen. Trotzdem sollen einige erste Hypothesen formuliert werden:

- Mit der Wahrscheinlichkeit der Zunahme zukünftiger Interaktionen mit einem Partner steigt der Grad des Vertrauens gegenüber diesem (vgl. Coleman 1995: 130).

- Über die Transaktionen, die man mit anderen Akteuren in Netzwerken durchführt, entwickelt man einen Durchschnittswert der Vertrauenswahrscheinlichkeit, den man auch unbekannten Durchschnittspersonen entgegenbringt (vgl. Coleman 1995: 132).

- Personen, die Informationen übereinander besitzen, gehen eher kooperative Handlungen ein als einander unbekannte Personen (vgl. Coleman 1995: 131).

- Personen, die z.B. aufgrund einer Kleidungsordnung erkennbar zu derselben Gemeinschaft gehören, bringen sich eher Vertrauen entgegen als Personen, die keine gemeinsamen Symbole und somit keine erkennbaren Gruppenmerkmale haben (vgl. Coleman 1995: 334).

Auch für die anderen Faktoren der Sozialkapitaldefinition lassen sich Hypothesen formulieren. So gilt für die Zugehörigkeit zu einem Netzwerk:

- Je geschlossener das Netzwerk ist, desto höher ist die Kooperationsbereitschaft ihrer Mitglieder (vgl. Coleman 1995: 353).

- Je geschlossener das Netzwerk ist, desto eher lassen sich Normen der Gegenseitigkeit und der Reziprozität vorfinden (vgl. Coleman 1995: 413).

- Wenn kooperative Handlungen in einem Netzwerk ausgeübt werden, verdichtet sich dadurch die soziale Struktur, in welche die Handlungen eingebettet sind, und das Vertrauen, das man anderen Akteuren im Netzwerk entgegenbringt, steigt (vgl. Coleman 1995: 417).

- Umgekehrt gilt, wenn soziales Kapital nicht gebraucht wird, geht der Kapitalbestand zurück und das Vertrauen, das anderen entgegengebracht wird, schwindet (vgl. Coleman 1995: 417).

Schließlich lassen sich auch Hypothesen in Bezug auf Normen ableiten:

- So ist die Wahrscheinlichkeit, Normen der Gegenseitigkeit zu finden, in kleinen Gruppen höher als in großen Gruppen (vgl. Coleman 1995: 413).

- Wenn Normen der Gegenseitigkeit in Netzwerken vorhanden sind, dann werden kooperative Handlungen auch gegenüber Fremden, die in das Netzwerk aufgenommen werden, ausgeübt (vgl. Coleman 1995: 118).

- Wenn Netzwerke sich schnell vergrößern, dann gehen die dort geltenden Normen verloren, weil aufgrund der mangelnden Geschlossenheit die Sanktionierung nicht aufrechterhalten werden kann (vgl. Coleman 1995: 353).

In diesem 4. Kapitel wurde der Sozialkapitalansatz von Coleman vorgestellt. Zentraler Bestandteil seines Erklärungsmusters ist die Annahme, dass menschliches Handeln immer als zielgerichtet und zweckorientiert betrachtet werden muss. Er betont, dass Handlungen nicht ‚im luftleeren Raum' stattfinden, sondern vielmehr in soziale Strukturen eingebettet sind. Dieses soziale Gefüge setzt die Anreizstrukturen für das Handeln der Akteure. So werden, wenn die Makroebene durch dichte soziale Beziehungen gekennzeichnet ist, strukturelle Anreize gesetzt, die kooperative Handlungen als rationale Wahl begünstigen. Aus der Ausübung kooperativer Handlungen geht als nichtintendierter Nebeneffekt eine Verstärkung der Bindungen innerhalb des Netzwerkes hervor, so dass Sozialkapital sich über seinen Gebrauch selbst kumuliert. Es kann aber auch der gegenteilige Fall eintreten. Denn Sozialkapital zeigt die Tendenz, mit der Zeit an Wert zu verlieren.

„Soziale Beziehungen zerbrechen, wenn sie nicht aufrechterhalten werden. Erwartungen und Verpflichtungen verlieren mit der Zeit an Bedeutung. Und Normen sind abhängig von regelmäßiger Kommunikation" (Coleman 1995: 417).

5 Putnam und Coleman als Vertreter unterschiedlicher Paradigmen

Bisher wurden die Sozialkapitalansätze von Putnam und Coleman jeweils für sich rekonstruiert. Darauf aufbauend kann nun mit der eigentlichen Argumentation begonnen werden. Sie soll die These bestätigen, dass Putnam in der Tradition des Homo Sociologicus–Paradigmas steht, während sich Coleman im Rahmen des Homo Oeconomicus–Paradigmas bewegt.

Um diese Einordnung leisten zu können, fehlen jedoch noch zwei notwendige Schritte. Es gilt zum einen das Homo Sociologicus–Paradigma anhand der Überlegungen Dahrendorfs, eines prominenten Vertreters, vorzustellen und zum anderen das Homo Oeconomicus–Paradigma zu rekonstruieren.[38] Hierfür wird auf die Arbeit von Axelrod zurückgegriffen. Daraufhin erfolgt die Zuordnung der Sozialkapitalansätze zu den klassischen Paradigmen.

---

[38] Es ist eine angenehme Begleiterscheinung des Rückgriffs auf die klassischen Paradigmen der Sozialwissenschaften, dass sich das Wissen etablierter Paradigmen in wissenschaftlichen Lehrbüchern zusammengefasst findet. Die Diskussion um die theoretischen Grundlagen des Paradigmas ist abgeschlossen und die Arbeit der Wissenschaftler beschränkt sich auf die Erweiterung des intendierten Anwendungsbereichs. Der Rechercheaufwand, der zur Rekonstruktion etablierter Paradigmen betrieben werden muss, ist dementsprechend gering (vgl. Kuhn 1999: 25).

5.1 Homo Sociologicus oder Kooperation aus prosozialen Motiven

Stellvertretend für das Homo Sociologicus–Paradigma soll hier die Arbeit *Homo Sociologicus* von Ralf Dahrendorf vorgestellt werden. Man hätte dazu sicherlich auch auf Arbeiten von Parsons, Schütz und anderen zurückgreifen können.[39] Dahrendorfs Arbeit eignet sich jedoch aufgrund ihres Charakters als kritisch zusammenfassendes Werk verschiedener soziologischer Arbeiten im Rahmen des strukturfunktionalistischen Forschungsprogramms in besonderer Weise zur Darstellung des spezifischen Erklärungsmusters des Homo Sociologicus–Paradigmas.

Zur Rekonstruktion des Paradigmas wird erneut auf die in Kapitel 2 entwickelten Kriterien zurückgegriffen. Dabei wird die Frage nach den jeweiligen Effekten durch die Frage nach den noch offenen Forschungsrätseln dieses Paradigmas ergänzt. So sollen in Kapitel 5.1.1 die Elemente des Homo Sociologicus–Paradigmas herausgearbeitet werden. Die zentrale Gesetzmäßigkeit dagegen, welche den eigentlichen Kern der Erklärung im Rahmen eines Paradigmas darstellt, wird in Kapitel 5.1.2 behandelt. Schließlich werden in Kapitel 5.1.3 die ableitbaren Effekte sowie die noch offenen Forschungsfragen des Homo Sociologicus–Paradigmas präsentiert.

---

[39] Zu einer einführend vergleichenden Darstellung der verschiedenen konkurrierenden Ansätze im Rahmen des Homo Sociologicus–Paradigmas siehe Morel et al 1999, Schimank 2000, Joas 1978. Insbesondere bei Schimank und Joas zeigt sich der gemeinsame paradigmatische Kern der unterschiedlichen Theorien innerhalb des soziologischen Paradigmas.

5.1.1 Die Elemente des Homo Sociologicus–Paradigmas bei Dahrendorf

Dahrendorfs Überlegungen versuchen, eine Antwort auf die Frage zu geben, warum das menschliche Leben so viele Regelmäßigkeiten aufweist. Er stellt fest, dass Menschen wählen gehen, Gesetzen gehorchen, eine Schule besuchen und einen Beruf ergreifen. Sie sind Mitglieder in Vereinen oder sonstigen gesellschaftlichen Gruppen; sie ziehen gegenüber den Vorgesetzten ihrer Hut und sorgen für ihre Nachkommen. Den Grund für diese Regelmäßigkeiten sieht Dahrendorf im Phänomen der Gesellschaft liegen: „Keinen Schritt können wir gehen, keinen Satz sprechen, ohne dass zwischen uns und die Welt ein Drittes tritt, das uns an die Welt bindet und diese beiden so konkreten Abstraktionen vermittelt: die Gesellschaft" (Dahrendorf 1977: 17). Die Welt tritt den Menschen also nicht unvermittelt gegenüber. Dahrendorfs Arbeit hat es nun zum Ziel, herauszuarbeiten, auf welche Weise die Gesellschaft die Individuen formt. Das zentrale Element seiner Überlegungen, das den Berührungspunkt zwischen Gesellschaft und Individuum analysiert, ist der Begriff der Rolle[40]:

> „Um den Begriff der Rolle zum Einsatz zu bringen, wollen wir uns die Gesellschaft als ein Gerüst sozialer Positionen vorstellen, die jeweils mit einer Institution oder Organisation verknüpft sind" (Hollis 1995: 218).

Unter sozialer Position versteht Dahrendorf jeden Ort in einem Feld sozialer Beziehungen (vgl. Dahrendorf 1977: 30). Die Gesamtheit aller sozialen Positionen macht dann für ihn die Gesellschaft aus. Musterbeispiele für soziale Positionen sind etwa die Beziehung des Lehrers zu den Schülern, aber auch diejenige zu seinen Kollegen und Vorgesetzten. Genauso ist auch das Verhältnis der Ehefrau zu ihrem Mann und zu den gemeinsamen Kindern ein passendes empirisches Beispiel. Für sich genommen ist der Begriff der sozialen Position allerdings ohne jeglichen Erklärungswert. Er bezeichnet lediglich den Ort im sozialen Beziehungsgeflecht, an dem die Handlungen der Akteure stattfinden. Er erklärt noch nicht, warum sie stattfinden. Erst der Begriff der Rolle

---

[40] Zur Rezeptionsgeschichte des Dahrendorfschen Rollenbegriffs siehe Gerhardt 1994.

ermöglicht es, etwas über die Art der Beziehungen zwischen dem Träger einer Position und Trägern anderer Positionen desselben Feldes zu erfahren (vgl. Dahrendorf 1977: 33). Der Rollenbegriff versucht, die gebündelten Ansprüche der Gesellschaft an den Träger einer sozialen Position zu erfassen. Dahrendorf differenziert die Ansprüche an eine Position in zweierlei Hinsicht aus. Es sind:

> „einmal Ansprüche an das Verhalten der Träger von Positionen (Rollenverhalten), zum anderen Ansprüche an sein Aussehen und seinen Charakter (Rollenattribute). (...) Soziale Rollen sind Bündel von Erwartungen, die sich in einer gegebenen Gesellschaft an das Verhalten der Träger von Positionen knüpfen" (Dahrendorf 1977: 33).

In der inhaltlichen Dimension des Rollenbegriffs sieht Dahrendorf eine Analogie zu den Begriffen Rolle, Person, Charakter und Maske, wie sie in Bezug auf das Theater gebraucht werden. Demnach sollen fünf Punkte für den Begriff der Rolle charakteristisch sein (vgl. Dahrendorf 1977: 22):

- Erstens wird damit etwas bezeichnet, was ihrem Träger – dem Schauspieler – vorgegeben und somit außerhalb seiner selbst vorhanden ist.

- Zweitens ist dieses Vorgegebene als ein Bündel von erwünschten Verhaltensweisen zu beschreiben.

- Drittens ergibt sich erst aus der Zusammenführung der verschiedenen Verhaltensweisen ein aufschlussreiches Bild über das Ganze. Dahrendorf erinnert in diesem Zusammenhang an die englische Bezeichnung *part* für den deutschen Begriff der Rolle.

- Viertens muss der Rollenspieler die ihm vorgegebene Rolle lernen, um sie spielen zu können.

- Und fünftens ist keine Rolle für den Schauspieler erschöpfend, d.h. er kann eine Vielzahl von Rollen erlernen und spielen.

Als empirischen Beleg für seine Überlegungen führt Dahrendorf das Musterbeispiel des Studienrates an. Von ihm wird erwartet, dass er pünktlich zum Unterricht erscheint und sein Wissen in geeigneter Form im Rahmen des Lehrplans an die Schüler weitergibt. Außerdem verlangt man von ihm, besonders die schwächeren Kinder zu fördern und gleichzeitig eine gerechte Benotung nach dem Leistungsstand des jeweiligen Schülers vorzunehmen. Darüber hinaus soll er sich außerhalb der Schule engagieren. Er sitzt im Gemeinderat oder im Presbyterium und arbeitet im örtlichen Umweltschutzverband mit. Er darf nicht unmäßig Alkohol genießen, nicht rauchen und muss sich rundherum als guter Bürger präsentieren. Das Leben eines Studienrats setzt sich aus der Vielzahl der auf ihn gerichteten gesellschaftlichen Erwartungen zusammen. Sein Handeln lässt sich auf internalisierte gesellschaftliche Erwartungen zurückführen.

> „Wenn wir von sozialen Rollen sprechen, dann ist stets nur von erwartetem Verhalten die Rede, d.h. von dem Einzelnen, der sich außer ihm bestehenden Ansprüchen gegenübersieht bzw. der Gesellschaft, die den Einzelnen mit gewissen Ansprüchen konfrontiert" (Dahrendorf 1977: 34).

Wie im Folgenden deutlich werden wird, besitzt die Gesellschaft Möglichkeiten, Druck auf die Akteure auszuüben, so dass diese den erwarteten Verhaltensweisen entsprechen. Dies geschieht im Laufe des Sozialisierungsprozesses. Anschließend muss eine solche Druckausübung nicht mehr erfolgen, da die gesellschaftlichen Erwartungen im Laufe des Lernprozesses zu einem Teil des Selbst des Akteurs werden. Durch die Verinnerlichung der gesellschaftlichen Erwartungshaltung wird das Individuum ein vollwertiges Mitglied der Gesellschaft.

Zusammenfassend lässt sich der Begriff der Rolle anhand von drei Punkten beschreiben (vgl. Dahrendorf 1977: 35): Erstens sind soziale Rollen vom Einzelnen prinzipiell unabhängige Bündel von Verhaltensvorschriften. Zweitens liegt die inhaltliche Definitionsmacht der Rolle nicht auf Seiten des Rollenspielers. Der Inhalt der Rollen wird durch die Gesellschaft oder, präziser gesagt, durch die jeweilige gesellschaftliche Bezugsgruppe festgelegt. Und drittens begegnen die in den Rollen gebündelten Verhaltenserwartungen dem Rollenträger mit einer gewissen Verbindlichkeit.[41]

---

[41] Dahrendorf geht in seiner Arbeit noch über diese Punkte hinaus und differenziert über den Grad der Verbindlichkeit der Rollen zwischen Muss-, Kann- und Soll-Erwartungen, die sich an den Träger der Rolle richten (vgl. Dahrendorf 1977: 39; Schimank 2000: 47, 48). Da diese Differenzierungen für den weiteren Verlauf dieser Arbeit irrelevant sind, wird hier auf ihre Darstellung verzichtet. Es kommt lediglich darauf an, das paradigmatische Muster zur Erklärung sozialen Handelns im Rahmen des Homo Sociologicus–Paradigmas herauszuarbeiten.

5.1.2 Das Erklärungsmuster des Homo Sociologicus-Paradigmas

Der Homo Sociologicus-Ansatz versucht, menschliches Handeln auf Regeln und Erwartungen der Gesellschaft zurückzuführen. So kommen „zu jeder Stellung, die ein Mensch einnimmt, (...) gewisse Verhaltensweisen, die man von dem Träger dieser Position erwartet; zu allem, was er ist, gehören Dinge, die er tut und hat; zu jeder sozialen Position gehört eine soziale Rolle" (Dahrendorf 1977: 32). Nach Dahrendorf ist die Gesellschaft nicht nur eine Tatsache, sondern darüber hinaus eine ärgerliche, von der die Akteure nicht ungestraft loslassen können. Dieser negative Aspekt der Gesellschaft beruht auf den Sanktionsmöglichkeiten, die ihr zur Durchsetzung ihrer Interessen zur Verfügung stehen. „Wer seine Rolle nicht spielt, wird bestraft; wer sie spielt, wird belohnt, zumindest aber nicht bestraft" (Dahrendorf 1977: 36).

So sind für jede menschliche Gruppe Regeln und Sanktionen anzugeben, die steuernd sowohl auf das Verhalten der Gruppenmitglieder als auch der Nichtmitglieder einwirken. Dieser ‚ärgerliche‘ Charakter der Gesellschaft ist jedoch im Normalfall den Akteuren nicht bewusst. Die Akteure handeln nicht, um Sanktionen oder Strafen zu vermeiden, stattdessen werden die Erwartungen der gesellschaftlichen Bezugsgruppen zu einem Teil ihrer Personalität.

Als ein weiteres Grundmuster der Gesellschaft sieht Dahrendorf diesen Lernprozess, über den sich der Einzelne seine Rolle aneignet, um zu einem vollwertigen Mitglied der Gesellschaft zu werden. Diesen Lernprozess nennt man ‚Sozialisierung‘:

> „Erst indem der Einzelne die außer ihm bestehenden Vorschriften der Gesellschaft in sich hinein nimmt und zu einem Bestimmungsgrund seines Verhaltens macht, wird er mit der Gesellschaft vermittelt und als homo sociologicus zum zweiten Male geboren" (Dahrendorf 1977: 57).

Nach Dahrendorf hat das Erziehungssystem in der industriellen Gesellschaft die Funktion, die Positionszuordnung und die ihr entsprechende Rollenverinnerlichung zu gewährleisten. „Allerdings wird das Erziehungssystem auch in modernen Gesellschaften noch von der Familie, der Kirche und anderen Organisationen in seinen Aufgaben der Zuordnung und Sozialisierung unterstützt" (Dahrendorf 1977: 57).

Zwei Begriffe stehen für den Prozess der Vermittlung zwischen der Gesellschaft und dem einzelnen Individuum: Der oben schon erläuterte Begriff der Sozialisierung, der die gesellschaftliche Komponente des Prozesses beschreibt, und der Begriff der Verinnerlichung (engl: internalization), der den Lernaspekt auf Seiten des Individuums betont. Die Lernmechanismen, über die die Akteure die Erwartungen der gesellschaftlichen Bezugsgruppen internalisieren sind Beobachtung, Nachahmung, Indoktrination und bewusstes Lernen (vgl. Dahrendorf 1977: 58). Insbesondere durch die Eltern und Freunde der Familie, aber auch durch Lehrer, Priester und Vorgesetzte werden die Erwartungen der Gesellschaft vorgelegt und ihre Nachahmung kontrolliert.

> „In dem Interesse der Gesellschaft an Familie, Schule und Kirche bekundet sich keineswegs nur der Wunsch, dem Einzelnen zur vollen Entfaltung seiner individuellen Anlagen zu verhelfen, sondern vor allem auch die Absicht, ihn auf die Aufgaben, deren Erfüllung die Gesellschaft von ihm erwartet, effektiv und kostensparend vorzubereiten" (Dahrendorf 1977: 58).

Dennoch muss der Prozess der Sozialisierung nicht als ein Entfremdungsprozess verstanden werden, in dem sich der Einzelne an die Gesellschaft veräußert. Vielmehr nimmt der Mensch die bestehenden gesellschaftlichen Erwartungen in sich auf, verinnerlicht sie und macht sie so zu einem Teil seiner Persönlichkeit. Nach Dahrendorf ist das wichtigste Begleitphänomen bei der Verinnerlichung der gesellschaftlichen Erwartungen „die parallele Individualisierung der Sanktionen, die als Gesetz und Sitte unser Verhalten kontrollieren" (Dahrendorf 1977: 59). Deshalb fällt durch die Verinnerlichung die Notwendigkeit der ständigen gesellschaftlichen Überwachung, Ermahnung und Sanktionierung fort. Somit ist die Verinnerlichung der Rollenerwartungen gesellschaftlich höchst funktional (vgl. Schimank 2000: 49). [42]

Zwischen den Rollenerwartungen der gesellschaftlichen Bezugsgruppen und den verinnerlichten Einstellungen der Akteure sind laut Dahrendorf keine gravierenden Differenzen feststellbar. Die Akteure sind nichts anderes als die Agenten ihrer gesellschaftlichen Bezugsgruppen. Die Vertreter des Homo Sociologicus–Paradigmas begnügen sich daher auch, die normative Struktur der Gesellschaft zu untersuchen, um

---

[42] Es ist jedoch wissenschaftstheoretisch problematisch, in der Funktionalität einer Institution, einer Regel oder eines sonstigen gesellschaftlichen Phänomens die Ursachen für seine Existenz zu vermuten.

gesellschaftliche Prozesse zu verstehen (vgl. kritische Darstellung bei Esser 1999: 233 f.).

Der handlungstheoretische Kern dieses Paradigmas nimmt also an, dass die normativen Strukturen auf der Makroebene mittels des Sozialisierungsprozesses von den Akteuren als Einstellungen verinnerlicht werden. Die verinnerlichten Normen und Einstellungen sorgen anschließend für die Aktivierung der gesellschaftlich erwarteten Handlungen. Die Handlungen ihrerseits unterstützen wiederum die normativen Strukturen, aus denen sie hervorgegangen sind.

Diese theoretische Verbindung lässt sich ebenfalls in Form eines Makro–Mikro–Makro–Links beschreiben (vgl. Kap.4). Die folgende Graphik verdeutlicht das Erklärungsmuster im Rahmen des Homos Sociologicus–Paradigmas.

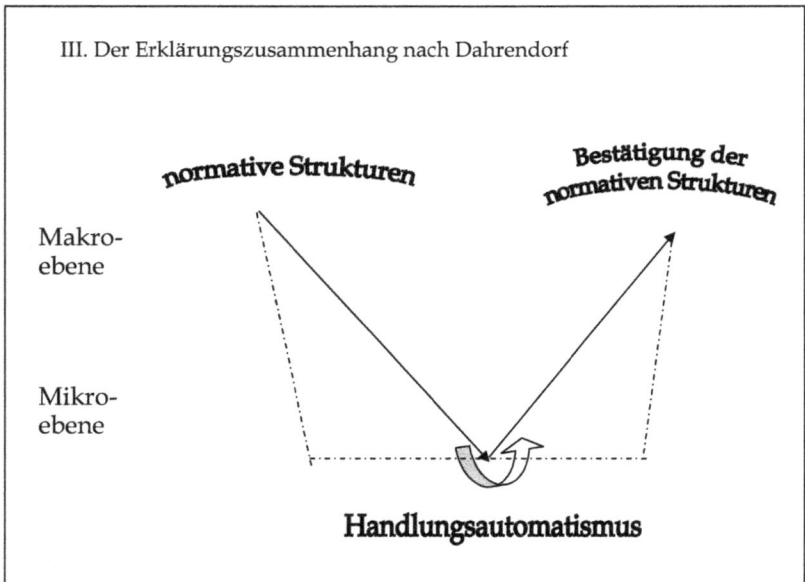

III. Der Erklärungszusammenhang nach Dahrendorf

normative Strukturen

Bestätigung der normativen Strukturen

Makro-ebene

Mikro-ebene

Handlungsautomatismus

Allerdings fehlt auf der Mikroebene ein Selektionsmechanismus, der aus einer Anzahl verschiedener Handlungsalternativen eine Handlungsalternative auswählt (vgl. Esser 2000d: 141-193). Dieser Mechanismus wird jedoch im Rahmen des Homo Sociologicus–Paradigmas nicht benötigt, da ein Automatismus angenommen wird, der Handlungen direkt aus den normativen Strukturen der Gesellschaft hervorbringt.[43] Somit stellt sich dem Akteur überhaupt nicht die Aufgabe, aus einer Reihe von Handlungsalternativen eine auszuwählen. Dahrendorf selbst bringt diesen Zusammenhang in folgendem Zitat auf den Punkt:

> „Mit den Mitteln dieser wenigen (und hier nur unzulänglich erläuterten) Kategorien lässt sich jener Satz formulieren, der implizite oder explizite am Anfang aller Forschung und Konstruktion der neueren Soziologie steht: Der Mensch verhält sich rollengemäß" (Dahrendorf 1977: 100).

Dies ist der handlungstheoretische Kern des soziologischen Paradigmas.

---

[43] Der hier dargestellte Urtyp des Homo Sociologicus–Paradigmas wurde in nachfolgenden Arbeiten erweitert und verbessert. So gehen nachfolgende Arbeiten nicht mehr von einem ,role taking'–Akteur aus, sondern von einem ,role making'–Akteur, der kreativ die verschiedensten Probleme des Rollenhandelns bewältigt (vgl. Goffman 1973, Turner 1962 und Hitzler 1992). Problematisch bleibt, dass im Rahmen dieses Paradigmas keine Gesetzmäßigkeit existiert, die die Auswahl einer Handlungsalternative aus einer Anzahl mehrerer möglicher Handlungen erklärt. Handeln ist im Rahmen dieses Paradigmas immer verursacht durch die verinnerlichte gesellschaftliche Erwartungshaltung.

5.1.3 Ableitbare Hypothesen und ungelöste Forschungsrätsel im Rahmen des Homo Sociologicus-Paradigmas

Dahrendorf möchte das menschliche Verhalten auf die normativen Strukturen der Gesellschaft zurückführen. Regelmäßigkeiten wie Heiraten, Berufswahl und Schulbesuch, aber auch Fairness im Umgang mit anderen Menschen und das Aufziehen der eigenen Kinder sind für ihn Ausdruck einer gesellschaftlichen Erwartungshaltung an Akteure in speziellen Positionen.

Die aus diesem Paradigma ableitbaren Hypothesen unterstellen folglich erstens einen direkten Zusammenhang zwischen der normativen Erwartungsstruktur auf gesellschaftlicher Ebene und den internalisierten Erwartungen in Form von Einstellungen auf individueller Ebene. Und zweitens wird ein Zusammenhang zwischen den internalisierten Einstellungen und den ausgeübten Handlungen hergestellt.[44] Hinzu kommt die Unterteilung der Gesellschaft in Bezugsgruppen, so dass nicht mehr von der Erwartungshaltung der Gesellschaft im Ganzen gesprochen werden kann, sondern präziser von der Erwartungshaltung seitens einer gesellschaftlichen Bezugsgruppe.

Folgende Hypothesen lassen sich im Rahmen dieser Überlegungen formulieren:

- Wenn Personen unterschiedliche gesellschaftliche Positionen einnehmen, dann sind sie auch ungleichen Erwartungen ausgesetzt (vgl. Dahrendorf 1977: 32, 33).

- Die Qualität der normativen Erwartungshaltung bestimmt die Qualität der internalisierten Einstellungen: Wenn sich in den normativen Strukturen der gesellschaftlichen Bezugsgruppen Elemente wie Fairness, Reziprozität und Hilfsbereitschaft finden,

---

[44] Der Zusammenhang zwischen den normativen Strukturen auf der Makroebene und ausgeübten Handlungen ist nach der Überzeugung der Vertreter des soziologischen Paradigmas so stark, dass es ausreicht die normativen Strukturen zu untersuchen, um das menschliche Handeln zu erklären. Es wird insofern eine fast tautologische Beziehung zwischen beiden Faktoren angenommen, als dass kein theoretischer Mechanismus formuliert ist, der eine Variation der Handlung erklären könnte.

dann spiegeln sie sich in den Einstellungen der Rollenspieler wieder (vgl. Dahrendorf 1977: 35).

- Wenn Personen Einstellungen wie Hilfsbereitschaft, freundlichen Umgang mit anderen, Fairness- und Reziprozitätsnormen internalisiert haben, dann sind diese Normen auch direkte Ursache für das Verhalten der Personen (vgl. Dahrendorf 1977: 99, 100).

In diesem Kapitel wurde gezeigt, welche Bestandteile eine typische Erklärung im Rahmen dieses Paradigmas enthält. Sie umfasst drei Arbeitsschritte:

1. Man untersucht die normative Struktur der Gesellschaft.

2. Dann vergewissert man sich, ob die normativen Strukturen, die an die Träger der verschiedenen Rollen herangetragen werden, bei ihnen auch tatsächlich in Form von Einstellungen internalisiert sind.

3. Anschließend erklärt man damit das Verhalten der Akteure.

Doch schon Dahrendorf selbst weist darauf hin, dass im Rahmen des Homo Sociologicus-Paradigmas noch viele Fragen offen bleiben:

„Wie vollzieht sich im einzelnen die Begegnung des Individuums mit der Gesellschaft? Wie werden die vorgeprägten Rollen zum Teil des Sozialverhaltens Einzelner?(...) Wer oder was ist ‚die Gesellschaft', von der bislang in unerträglich personifizierender Weise die Rede war? Wie lässt sich der Prozess der Definition und der Definitionsänderung sozialer Rollen so präzisieren, dass wir nicht zu Metaphern unsere Zuflucht nehmen, um ihn zu beschreiben? (...) Wie kann die Verbindlichkeit von Rollenerwartungen garantiert werden? Welche Mechanismen oder Institutionen wachen darüber, dass der Einzelne die ihm begegnenden Verhaltensvorschriften nicht als bedeutungslose und willkürliche Ansprüche beiseite schiebt" (Dahrendorf 1977: 35)?

Diese Fragen sind laut Kuhn typisch für den Zustand eines gerade entstehenden Paradigmas.[45] Denn nach seiner Auffassung sind es nicht

---

[45] Mittlerweile gilt dieses Paradigma allerdings als etabliert. In der Politikwissenschaft wird insbesondere in der Politischen Kulturforschung auf das soziologische Paradigma zurückgegriffen. Dahrendorfs Text stammt jedoch von 1958 und die in ihm enthaltenen Überlegungen wurden seitdem ausdifferenziert und präzisiert.

rationale Gründe, die einen Wissenschaftler dazu bewegen, ein neues Paradigma anzunehmen. Stattdessen führt Kuhn die Überzeugung der Wissenschaftler an, dass das Paradigma Rätsel lösen kann, die im alten Paradigma nicht lösbar waren (vgl. Kuhn 1999: 37, 38). Es ist deshalb gar nicht notwendig, dass ein Paradigma alle Fragen lösen kann. Es muss lediglich die Überzeugung vorhanden sein, so wie das bei Dahrendorf und anderen Vertretern des Homo Sociologicus–Paradigmas der Fall ist, dass mit den Mitteln des Paradigmas grundsätzlich die zentralen Forschungsprobleme lösbar sind.

Dem Homo Sociologicus–Paradigma wird nun das Homo Oeconomicus–Paradigma gegenübergestellt. Auch bei seiner Präsentation werden die Kriterien aus Kapitel 2 zum Einsatz kommen.

Als zentraler Bestandteil bleibt das Erklärungsmuster eines Paradigmas bei dessen Fortentwicklung jedoch immer bestehen (vgl. Kuhn 1997: 361).

5.2 Homo Oeconomicus oder Kooperation als strategische Interaktion

Der Homo Oeconomicus–Ansatz wird anhand der Überlegungen von Robert Axelrod vorgestellt. Dies mag ungewöhnlich erscheinen, da doch Autoren wie Becker, Opp und Elster als renommierte Vertreter des Homo Oeconomicus–Paradigmas gelten. Ein einfacher Grund spricht jedoch für Axelrod. Denn während die genannten Autoren primär mittels der Nutzentheorie das Handeln von Individuen gegenüber einer stabilen Umwelt erklären, steht bei Axelrod das Problem der Interaktion mehrerer nutzenmaximierender Akteure im Mittelpunkt. So wie Putnam und Coleman in ihren Arbeiten das Problem der Kooperationsentstehung als zentrales Element enthalten, so rückt auch Axelrod bei seiner Darstellung des Homo Oeconomicus–Paradigmas das Problem der *Evolution der Kooperation* ins Zentrum. Der Rational Choice–Ansatz wird hier also nicht in seiner einfachen Theorieformulierung dargestellt, sondern in einer Erweiterung in Form der Spieltheorie, die Axelrod 1984 mit seinem Buch *Die Evolution der Kooperation* vorstellt.

Axelrod beginnt sein Buch mit einer einfachen Frage:

> „Wann sollte eine Person bei einer fortlaufenden Interaktion mit einer anderen Person kooperieren, und wann sollte sie sich selbstsüchtig verhalten? Sollte ich einem Bekannten immer wieder gefällig sein, obwohl dieser mir seinerseits niemals einen Gefallen tut" (Axelrod 2000: VII)?

Nach Axelrod entspricht der hier angedeutete Situationstyp einer Spielart: dem wiederholten Gefangenendilemma. Axelrod versucht zu erklären, wie Akteure sich in solchen Situationen verhalten. Dabei steht die Frage im Mittelpunkt, warum in manchen Situationen die Akteure kooperieren und anderen nicht.

Um eine optimale Antwort auf die aufgeworfene Frage nach der Kooperationsentstehung zu erhalten, schrieb Axelrod ein Computerturnier aus. 14 Strategien wurden in der ersten Runde von Spieltheoretikern eingesandt und von ihm durch eine Zufallsregel ergänzt. Er ließ die Strategien in einem Computerturnier gegeneinander antreten, dessen Ergebnisse er anschließend auswertete. Die Auswertung schickte er daraufhin den Teilnehmern mit der Aufforderung zu, mit einer evt.

weiter entwickelten Strategie an einem zweiten Turnier erneut zu partizipieren. Im zweiten Durchgang nahmen 62 Strategien am Wettbewerb teil. Das Ergebnis war überraschend. In beiden Durchgängen trug die einfachste aller eingereichten Strategien den Sieg davon: *Tit for Tat* (*Wie Du mir, so ich Dir*).

Um den Erfolg dieser Strategie besser verstehen zu können, muss im nächsten Abschnitt zunächst einmal die Struktur des einfachen Gefangenendilemmas vorgestellt werden. Sie ist ein zentrales Element des paradigmatischen Zugriffs auf die Welt im Rahmen des Homo Oeconomicus–Paradigmas. Anschließend wird das einfache Gefangenendilemma zum wiederholten erweitert, wodurch sich die Spielstruktur entscheidend verändert. Darauf aufbauend wird die Argumentation von Axelrod rekonstruiert, unter welchen Umständen kooperatives Handeln die beste Wahl ist.

5.2.1 Die Elemente des Homo Oeconomicus–Paradigmas bei Axelrod

Es ist Axelrods Anliegen, eine Theorie der Kooperation zu entwickeln, „mit deren Hilfe Faktoren aufgedeckt werden können, die für die Entstehung der Kooperation notwendig sind" (Axelrod 2000: 5). Dabei liegt die Lösung des Kooperationsproblems weder in der Errichtung einer durch Zwang steuernden Zentralinstanz, wie sie z.B. der Leviathan darstellt (vgl. Hobbes 1990), noch in den internalisierten Einstellungen (vgl. Kap. 5.2.2). Stattdessen fragt sich Axelrod, ob Kooperation auch unter der Annahme eigennutzmaximierender Akteure entstehen kann und stabil ist.

Für seine Untersuchung grenzt er die Kooperationsproblematik auf solche Situationen ein, in denen lediglich zwei Spieler mit jeweils zwei Handlungsalternativen auftreten.[46] Auch die Art des Spiels beschränkt er auf den Typ des Gefangenendilemmas.[47] Damit es sich überhaupt um ein Gefangenendilemma handelt, müssen zwei Bedingungen erfüllt sein. Die erste Bedingung verlangt ein bestimmtes Verhältnis zwischen den möglichen Auszahlungen, die durch die verschiedenen Handlungsalternativen erreicht werden können.

> „Erstens gibt es eine Ordnung der vier Auszahlungen: Im besten Fall kann ein Spieler T erhalten, also die Versuchung, den kooperierenden anderen Spieler durch Defektion auszunutzen. Das schlechteste Ergebnis eines Spielers ist S, die Auszahlung des gutgläubigen Opfers, während der andere Spieler defektiert. Für die Ordnung der beiden anderen Ergebnisse wird angenommen, dass die Belohnung R für wechselseitige Kooperation größer ist als P, die Strafe für wechselseitige Defektion" (Axelrod 2000: 8, 9).

---

[46] Wie Braun zeigt, ist dies keine unrealistische Annahme, denn „in vielen Fällen kann man tatsächlich die anderen Akteure wie einen kollektiven Akteur, also als eine einzige Entscheidungsperson behandeln" (Braun 1999: 198). Natürlich gibt es in der Spieltheorie aber auch Überlegungen, die das Verhalten von mehreren Spielern mit mehreren Handlungsmöglichkeiten untersuchen (vgl. MacLean 1987).

[47] Die verschiedenen Spielarten – neben dem Gefangenendilemma gibt es noch das sogenannte Chicken Game, das Geschlechterspiel und das Versicherungsspiel, um nur die bekanntesten zu nennen – werden über ihre Auszahlungsmatrix definiert. Für die verschiedenen Spiele siehe Güth/Kliemt 1995; für eine Darstellung der Kooperationsentstehung im Mehrpersonenspiel siehe Althammer/Buchholz 1995.

Es ergibt sich somit eine Rangfolge hinsichtlich der Präferenzen der Auszahlungen, insofern T > R > P > S ist. Dabei steht T für Temptation, d.h. die Versuchung zu defektieren, R für Reward, was die Belohnung für wechselseitige Kooperation meint, S für Sucker's payoff, also die Auszahlung des gutgläubigen Opfers und P für Punishment, d.h. die Strafe für wechselseitige Defektion (vgl. Axelrod 2000: 7). Die zweite Bedingung besagt, dass die Spieler der Dilemmasituation nicht entkommen dürfen, indem sie sich abwechselnd ausbeuten, d.h. abwechselnd die Auszahlung T erzielen. Die Bedingung verlangt,

> „dass eine gleiche Chance, auszubeuten und ausgebeutet zu werden, kein so gutes Ergebnis für einen Spieler darstellt wie wechselseitige Kooperation. Es wird daher angenommen, dass die Belohnung R für wechselseitige Kooperation größer ist als der Durchschnitt aus der Versuchung T und der Auszahlung S des gutgläubigen Opfers" (Axelrod 2000: 9).

Im einfachen Gefangenendilemma liegt es an der Struktur der Situation, dass Defektion das beste Handlungsergebnis liefert. Folglich werden rationale Akteure keine kooperativen Handlungszüge vornehmen, sondern defektieren. Das bedeutet, dass beide Spieler weniger erhalten, als sie bei wechselseitiger Kooperation erreichen könnten. Dies scheint aber der Bedingung zu widersprechen, dass rationale Akteure die beste aller Handlungsalternativen ausüben.

Warum sollten beide Akteure die Defektion wählen, wenn doch Kooperation das bessere Ergebnis liefert? Den Grund dafür veranschaulicht die folgende Auszahlungsmatrix, in der die möglichen Gewinne und Verluste der beiden Spieler dargestellt sind. In diesem Modell erhalten beide Spieler bei Kooperation R = 3 Punkte; wenn nur ein Spieler kooperiert, der andere jedoch defektiert, bekommt der kooperierende Spieler S = 0 Punkte und der defektierende Spieler T = 5 Punkte, und schließlich, wenn beide Spieler defektieren, erhalten beide P = 1 Punkt.

IV. Das einfache Gefangenendilemma

		Spieler 2	
		Kooperation	Defektion
Spieler 1	Kooperation	R=3, R=3	S=0, T=5
	Defektion	T=5, S=0	P=1, P=1

Das Ergebnis einer solchen Spielsituation wird immer die beidseitige Defektion sein. Der Grund dafür liegt in der Befürchtung, dass einseitige Kooperation[48] ausgenutzt und somit durch eine niedrigere Auszahlung bestraft wird. Denn Spieler 1 hat folgende Handlungsmöglichkeiten:

- Wenn er davon ausgeht, dass Spieler 2 kooperieren wird, dann muss man die linke Spalte betrachten. Spieler 1 erreicht dort die beste Auszahlung durch Defektion, denn die obere Zeile zeigt als mögliche Auszahlungen für Spieler 1 bei Kooperation drei Punkte und bei Defektion in der unteren Zeile fünf Punkte.

- Wenn Spieler 1 jedoch von der Defektion des Spielers 2 ausgeht, gibt die rechte Spalte Auskunft über die möglichen Auszahlungen. Auch da zeigt sich, dass Defektion die bessere Wahl ist. Während Kooperation in diesem Fall ausgenutzt und durch eine Auszahlung von null Punkten bestraft wird, ergibt die beidseitige Defektion immerhin noch eine Auszahlung von einem Punkt für jeden Spieler.

Diese Spielsituation führt zu dem Ergebnis, dass Defektion in den Augen beider Spieler die attraktivere Handlungsalternative darstellt. Nach Druwe maximieren Akteure in solchen Situationen ihren Nutzen,

---

[48] Unter kooperativen Handlungen versteht Axelrod bereits jede Handlung eines Akteurs, die ein gewisses Risiko eingeht, um die kollektiv höchste Auszahlung zu erreichen, unabhängig davon, ob diese Handlung durch andere Spieler ausgenutzt oder durch Kooperation beantwortet wird. Davon zu unterscheiden, ist das Verständnis von Kooperation, mit dem das Aufeinandertreffen zweier oder mehrerer kooperativer Handlungen gemeint ist.

indem sie auf die Maximin-Strategie zurückgreifen (vgl. Druwe 1995: 224). Aufgrund der Struktur der Situation kann nur eine Handlungsstrategie die beste Antwort auf alle Züge des Gegners darstellen. Eine solche Strategie wird auch dominante Strategie genannt.[49]

Daraus folgt: „Zwei Egoisten, die das Spiel *einmal* spielen, werden also beide ihre dominante Strategie, nämlich Defektion wählen und jeder wird als Ergebnis weniger bekommen als das, was beide bei wechselseitiger Kooperation hätten erhalten können" (Axelrod 2000: 9). Durch das Aufdecken der dominanten Strategien der Akteure kann man die Gleichgewichtszustände von Spielen herausfinden. Im Fall des einfachen Gefangenendilemmas bedeutet der Gleichgewichtszustand, dass es für keinen der beiden Spieler einen Anreiz gibt, den Zustand zu verlassen und eine kooperative Wahl zu treffen. Dieser Zustand wird auch als Nash-Gleichgewicht bezeichnet.

Axelrod illustriert seine diesbezüglichen Überlegungen durch die Schilderung des folgenden Musterbeispiels. Es betrifft die Situation zweier Industriestaaten, die ihre Binnenwirtschaft jeweils durch Handelsschranken schützen. Dabei würden beide Staaten besser abschneiden, wenn ein freier Handel zwischen ihnen bestände. Dennoch bleiben die Handelsschranken bestehen, da beide Seiten befürchten, dass das Abschaffen ihrer Handelsschranken vom jeweils anderen Land ausgenutzt werden könnte.

> „Das Problem besteht also darin, dass jedes Land einen Anreiz zur Aufrechterhaltung seiner Handelsschranken besitzt, wodurch sich ein schlechteres Ergebnis einstellt als das, was dann möglich gewesen wäre, wenn die beiden Länder miteinander kooperiert (...) hätten" (Axelrod 2000: 6).

Für die spieltheoretische Betrachtung spielt es keine Rolle, dass in diesem Fall Staaten als Akteure fungieren. Erforderlich ist lediglich, dass diese Staaten versuchen, das beste Ergebnis für ihr Land zu erreichen.[50]

---

[49]Ähnlich definiert dies auch Rieck: „Eine Alternative A dominiert die Alternative B, wenn in jedem Umweltzustand (bzw. bei jedem Verhalten der Gegenspieler) A besser ist als B" (Rieck 1993: 20).

[50] Weitere typische Anwendungsfälle dieser Überlegungen sind Abrüstungsverhandlungen, das Verbraucherverhalten bei gemeinsam genutzten Gütern und das Trittbrettfahrerproblem, wie es Olson für das Handeln in Gruppen feststellt (vgl. Braun 1999: 190; Zürn 1992).

In diesem Kapitel wurde gezeigt, für welche Situationsstruktur Axelrod eine Lösung des Kooperationsproblems zu entwickeln beabsichtigt. Dabei greift er auf die Annahme nutzenmaximierender Akteure zurück. Die Struktur der Situation des einfachen Gefangenendilemmas bedingt aber, dass sich Kooperation zwischen nutzenmaximierenden Akteuren nicht einstellen kann, da es sich eben um eine einmalige Interaktion handelt.[51] Doch wie hat man sich die beste Strategie in wiederholten Spielen vorzustellen, bei denen die Akteure nicht wissen, wie viele Interaktionen aufeinander folgen?

---

[51] Streng genommen kann nur im Fall des einfachen Gefangenendilemmas von einem wirklichen Dilemma gesprochen werden, denn schon durch die Iteration verschwindet die Notwendigkeit zu defektieren. Da sich der Gebrauch des Begriffs des wiederholten Gefangenendilemmas aber eingebürgert hat, wird er auch in dieser Arbeit benutzt werden.

5.2.2 Das Erklärungsmuster kooperativen Handelns bei Axelrod

Die Entstehung von Kooperation wird erst durch das wiederholte Aufeinandertreffen der Akteure möglich. Alle anderen Strukturelemente bleiben erhalten. Dies bedeutet, dass die Brückenannahme, die in der Reduktion der Entscheidungssituation auf zwei Spieler mit jeweils zwei Handlungsoptionen besteht, ebenso erhalten bleibt wie die Werte der Auszahlungsmatrix für einen einzelnen Handlungszug. Allerdings erhält man den Gesamtauszahlungsbetrag nun durch eine Aufsummierung der in den einzelnen Handlungszügen erlangten Punktzahlen. Denn schließlich wird die Annahme der Einmaligkeit der Entscheidungssituation zugunsten einer wiederholten Interaktion der Spieler aufgehoben. Mit den Worten Taylors kann man von einem Aufgehen des Gefangenendilemmas in einem Superspiel sprechen (vgl. Taylor 1987: 60). Die Veränderung der Situation hat jedoch weitreichende Folgen für die Strategiewahl der einzelnen Akteure. Ziel ist es nun nicht mehr, die optimale Auszahlung in einem Spielzug zu erreichen, sondern die höchstmögliche Gesamtauszahlung zu erhalten.

Um eine Antwort auf die Frage nach der besten Strategie zu erhalten, schrieb Axelrod wie bereits geschildert zwei Computerturniere aus, die beide die Strategie *Tit for Tat* gewann. Daneben wurden mit den eingereichten Strategien noch weitere Simulationen in ökologischen Spielen unternommen.[52] Insgesamt stellte sich heraus, dass *Tit for Tat* in nahezu allen Spieltypen gewann oder zumindest einen der vorderen Plätze einnahm. Dabei zeichnet sich *Tit for Tat* durch folgende Eigenschaften aus:

- *Tit for Tat* ist eine ‚nette' Strategie, d.h. sie eröffnet das Spiel grundsätzlich mit einem kooperativen Zug.

- Anschließend antwortet *Tit for Tat* reziprok auf den ersten Zug des Gegenspielers. Wenn dieser defektiert, wird auch *Tit for Tat* defektieren, falls er jedoch kooperiert, wird auch *Tit for Tat* kooperieren.

---

[52] Axelrod bezeichnet mit dem Terminus ökologische Spiele sogenannte evolutionäre Spiele, bei denen die erfolgreichen Strategien sich vermehren und die schwachen Strategien nach und nach aussterben.

Überraschenderweise beendet *Tit for Tat* nicht ein einziges Duell als
Sieger. Als Strategie zielt *Tit for Tat* auch gar nicht darauf ab, den Mitspieler zu besiegen. *Tit for Tat* kann im direkten Vergleich nicht einmal
theoretisch eine bessere Punktzahl als sein Gegenspieler erreichen,
denn bei *Tit for Tat* ist das optimale Ergebnis ein Punktegleichstand.
Vielmehr erlangen beide einen relativ hohen Punktestand. Diese Rechnung kann allerdings nur aufgehen, wenn auch die andere Strategie
kooperatives Verhalten nicht ausbeuten will, sondern ebenfalls zur
Kooperation bereit ist. Falls die andere Strategie jedoch defektiert, wird
Tit for Tat im nächsten Zug ebenfalls defektieren, und zwar so lange bis
der Mitspieler einen kooperativen Zug macht.

> „*Tit for Tat* erreicht daher die gleiche Punktzahl wie der andere Spieler oder ei-
> nige Punkte weniger. *Tit for Tat* gewann das Turnier nicht dadurch, dass es den
> anderen Spieler besiegte, sondern dadurch, dass es ein Verhalten auslöste, wel-
> ches es beiden ermöglichte, gut abzuschneiden" (Axelrod 2000: 101).

Die Überlegenheit der *Tit for Tat*-Strategie erklärt sich aus ihrer Ro-
bustheit. Gegenüber kooperationswilligen Mitspielern erreicht sie eine
hohe Punktzahl aufgrund der günstigen Auszahlung von drei Punkten
pro Spielzug für Kooperation. Bei kooperationsunwilligen Gegnern
schlägt sie sich nur unbedeutend schlechter als ihre Gegenspieler, da
sie schnell auf Defektion reagiert. Sie kann sich daher „auch in der
Konkurrenz mit vielen anderen raffinierten Strategien durchsetzen"
(Braun 1999: 202). Darüber hinaus ist sie lernfähig, so dass sie sich
selbst in einer überwiegend unkooperativen Umgebung behauptet.[53]
Sie ist zudem stabil und kann sich, ‚einmal etabliert', auch einer Inva-
sion unkooperativer Strategien widersetzen. Dies alles sind Gründe
dafür, warum sie in allen von Axelrod entworfenen Spielen hervorra-
gend abschneidet.

Dennoch sind die Erkenntnisse, die Axelrod durch die Interpretation
der Ergebnisse des Computerturniers gewinnt, keine Erklärung für die
Wahl kooperativer Strategien durch menschliche Akteure.[54] Sie liefern

---

[53] Gerade die Erkenntnisse über die letzten beiden Eigenschaften der *Tit for Tat*-
Strategie verdankt Axelrod den Ergebnissen, die er anhand von evolutionären
Spielen gewonnen hat.
[54] Eine interessante Kritik und Weiterentwicklung findet sich bei Schenk/Weise
1995. Dabei sind die verschiedenen Strategien mit einem Lernmechanismus verse-
hen, der sie in die Lage versetzt, sich weiterzuentwickeln.

lediglich gute Gründe für die Annahme, dass die Wahl kooperativer Strategien unter bestimmten Umständen rational ist. Die Spieltheorie ist in dem Fall einfach eine Methode zur Analyse komplexer Entscheidungssituationen. Sie ist sozusagen ein Instrument, das einem Akteur in schwer abschätzbaren Handlungssituationen hilft, die richtige Handlungsalternative zu treffen (vgl. Davis 1999: 62). Mittels der Simulation gegeneinanderspielender Strategien versucht man Erkenntnisse über die beste menschliche Verhaltensweise in solchen Situationen zu erhalten.

Allerdings bietet Axelrod neben den modellanalytischen Erkenntnissen, die er anhand der Computerturniere gewonnen hat, auch noch eine Analyse der Veränderung der Auszahlungsmatrix in wiederholten Spielen. Sie gibt die entscheidenden Hinweise für die aufgeworfene Problemstellung hinsichtlich der Rationalität kooperativer Handlungen. Der entscheidende Unterschied liegt, wie oben bereits angedeutet, in der Veränderung der Spielsituation, die sich durch ihre Wiederholung ergibt:

> „Die Entwicklung der Kooperation wird dadurch ermöglicht, dass die Spieler immer wieder aufeinander treffen können. Dies bedeutet, dass gegenwärtige Entscheidungen nicht allein den Ausgang des gegenwärtigen Treffens bestimmen, sondern auch die späteren Entscheidungen der Spieler beeinflussen können. Die Zukunft kann folglich einen Schatten auf die Gegenwart zurückwerfen und dadurch die aktuelle strategische Situation beeinflussen" (Axelrod 2000: 11).

Allerdings kommt nun eine weitere Problematik hinzu, auf die bereits in Kap. 4.2 hingewiesen wurde. Die Anzahl der Spiele, die hintereinander gespielt werden, darf nicht bekannt sein. Ansonsten besteht der Anreiz, im letzten Zug zu defektieren, was seinerseits den Anreiz erzeugt, im vorletzten Zug zu defektieren und so weiter. Axelrod entwickelt deshalb die Überlegung, dass die Spieler nicht wissen, wie oft sie sich wiedersehen werden und dass deshalb die weiteren Auszahlungen mit einem Wahrscheinlichkeitskoeffizienten multipliziert werden müssen. Axelrod geht infolgedessen davon aus, dass die Auszahlungen der folgenden Züge zu diskontieren sind: „Das Gewicht (oder die Bedeutung) des nächsten Zuges relativ zum laufenden wird w genannt. Es repräsentiert das Ausmaß, in dem die Auszahlung eines jeden Zuges relativ zum vorhergehenden diskontiert wird und ist daher ein Diskontparameter" (Axelrod 2000: 11). Der Diskontparameter gibt also die abnehmende Bedeutung jedes einzelnen Zuges zum vorherigen an. „Der Diskontparameter gibt insbesondere die erwartete Dauer der Interaktionssituationen an. Inhaltlich schlägt sich im Diskontparameter also die erwartete Stabilität der Interaktionssituation nieder" (Raub/Voss 2000: 206). Er entspricht der Erwartungswahrscheinlichkeit p, mit der ein Spieler davon ausgeht, dass der erwartete Nutzen (die Auszahlung U) eintritt.

Hier wird nun auch die Verbindung der Spieltheorie und des Rational-Choice–Ansatzes deutlich, denn hinter dem Diskontierungsparameter verbirgt sich das für den Rational-Choice–Ansatz fundamentale p, während der Nutzen im Fall der Spieltheorie die Auszahlungen sind. Für je wahrscheinlicher man eine weitere Interaktion mit dem anderen Spieler hält (= ein hoher Diskontparameter), desto stärker wird der Nutzen in der Kalkulation berücksichtigt (= hohe Diskontrate) und umgekehrt. Natürlich gelten auch in diesem Fall die Gesetze der Wahrscheinlichkeit, nämlich dass $1 - w$ gleich der Wahrscheinlichkeit für keine weiteren Interaktionen ist. Axelrod bringt zur Illustration dieser Überlegungen folgendes Beispiel:

> „Jede Auszahlung sei nur halb so wichtig wie die im vorangegangenen Zug, so dass $w = \frac{1}{2}$. Dann würde eine Kette wechselseitiger Defektionen mit der Auszahlung von einem Punkt je Zug einen Wert von 1 im ersten Zug haben, $\frac{1}{2}$ im zweiten Zug, $\frac{1}{4}$ im dritten Zug usw. Der kumulierte Wert der Folge wäre $1 + \frac{1}{2} + \frac{1}{4} + \frac{1}{8} + ...$ und somit aufsummiert gleich 2" (Axelrod 2000: 12).

Diese Form der Aufsummierung kommt dadurch zustande, dass die Auszahlung von einem Punkt für beidseitige Defektion wiederholt durch die Diskontrate von 0,5 diskontiert wird.

Die im Zitat erwähnte Folge ist die verkürzte Form von $1 + (1 * \frac{1}{2}) + ((1 * \frac{1}{2}) * \frac{1}{2}) + (((1 * \frac{1}{2}) * \frac{1}{2}) \frac{1}{2}) + (...)$. Somit lässt sich allgemein für die Auszahlung bei beidseitiger Defektion von P = 1 Punkt je Zug und einem Diskontparameter von $w = \frac{1}{2}$ zeigen, dass die Summe dieser unendlichen Reihe $1 + 1w + 1w^2 + 1w^3 + ...$ gleich $1/(1-w)$ gleich $1/(1 - \frac{1}{2}) = 2$ ist.

Für die Interaktion der drei Strategien *Immer Mogeln, Immer Kooperieren* und *Tit for Tat* ist es relativ einfach, die Diskontrate anzugeben.[55] Ei-

---

[55] Für die Berechnung der Interaktion anderer Strategien ist ein umfangreiches mathematisches Instrumentarium notwendig. Es ist im Grunde genommen unmög-

gentlich ist der Diskontparameter ein empirisch zu ermittelnder Wert. Im spieltheoretischen Rahmen wird dieser aber gesetzt, um daraus die zu erreichende Punktzahl abzuleiten. Auf diese Weise kann man dann über die Ergebnisse der Diskontrate angeben, inwieweit Kooperation zu einem höheren Ergebnis führt als Defektion und welche Strategie dementsprechend von einem rationalen Akteur gewählt wird.

So lässt sich für die oben genannten Strategien berechnen, welche von ihnen bei erstens einem angenommenen Diskontparameter von 0,1 (geringe Wahrscheinlichkeit für Fortsetzung der Interaktion) und zweitens bei einem Wert von 0,9 (hohe Wahrscheinlichkeit auf Fortsetzung) die höchste Diskontrate erreicht. In der folgenden Tabelle werden für die fett gedruckten Strategien die Diskontraten ermittelt. Die Kopfzeile verzeichnet die jeweiligen Gegner. Der erste Zahlenwert in einem Feld bietet die Diskontrate bei einem angenommenen Diskontparameter von w = 0,1. Der zweite Zahlenwert gibt die Diskontrate bei einem angenommenen Diskontparameter von w = 0,9 an:[56]

	Immer Kooperieren	Immer Defektieren	Tit for Tat
Immer Kooperieren	3,33 ; 30	0 ; 0	3,33 ; 30
Immer Defektieren	5,55 ; 50	1,11 ; 10	5,11 ; 14
Tit for Tat	3,33 ; 30	0,11 ; 9	3,33 ; 30

Wenn nun ein Akteur vor der Frage steht, wie er sich in einer Situation, die dem Gefangenendilemma entspricht, verhalten soll, dann kann man dieser Tabelle entnehmen, welche der vorgestellten Strategien die günstigste Wahl bedeutet. Angenommen ein Akteur trifft auf einen Spieler mit einer Tit for Tat-Strategie. Gleichzeitig geht er von einem

---

lich, für alle Strategien die Diskontrate auszurechnen, da bei Strategien, die einen Zufallsmechanismus benutzen, keine genaue Angabe der zu erwartenden Auszahlung zu machen ist.

[56] Zur Berechnung der Werte siehe Anhang. Bei Axelrod finden sich diese Überlegungen verstreut sowohl in den Anmerkungen zum ersten, dritten und siebten Kapitel (vgl. Axelrod 2000: 12, 22, 62, 114).

Diskontparameter von w = 0,9 aus und steht nun vor der Wahl, welche Strategie er selbst spielen will.

Unter der Annahme einer hohen Wahrscheinlichkeit wiederholter Interaktionen kann er durch Kooperation eine Auszahlung von 30 Punkten erreichen, während er durch Defektion lediglich 14 Punkte erreichen könnte (siehe dritte Spalte). In diesem Fall wäre es für einen rationalen Akteur also ratsam, zu kooperieren. Interessanterweise verlieren die Auszahlungen unter der Annahme einer niedrigen Diskontrate ihre Gewichtung und Defektion wird zur besten Wahl. Dies bedeutet, sollte ein Akteur lediglich mit 10 Prozent Wahrscheinlichkeit davon ausgehen, dass weitere Interaktionen stattfinden, so kann er durch einen Strategiewechsel auf *Immer Defektieren* die beste Auszahlung von 5,55 Punkten erreichen. Durch das Beibehalten seiner Kooperationsstrategie hat er hingegen lediglich eine Diskontrate von 3,33 Punkten zu erwarten.

Anhand dieser Überlegungen kann man verdeutlichen, dass unter der Annahme einer hohen Diskontrate *Tit for Tat* die lohnendste Strategiewahl, mit anderen Worten, ein Nash–Gleichgewicht ist. Die Vorgehensweise, die Axelrod zur Erzeugung von Kooperation vorschlägt, liegt in der „0Vergrößerung der Bedeutung der Zukunft im Verhältnis zur Gegenwart" (Axelrod 2000: 113).[57]

Als Musterbeispiel führt Axelrod die Situation im 1.Weltkrieg an, als sich britische und deutsche Soldaten im Stellungskrieg an der Frontlinie quer durch Frankreich und Belgien gegenüberstanden (vgl. Axelrod 2000: 67f.). Axelrod stellt diesbezüglich fest, dass sich die Soldaten wie Akteure im iterierten Gefangenendilemma verhalten. Die zur

---

[57] Aufgrund der Unmöglichkeit, bei unendlichen Zügen und entsprechend unendlichen Strategien die Diskontrate für die Interaktion aller Strategien zu bestimmen, greift Axelrod auf die Methode der Simulation zurück, um auf diesem Weg Rückschlüsse über mögliche Auszahlungen vorzunehmen. Um für die möglichen Strategien gute Vertreter zu bekommen, schreibt er bewusst Experten auf dem Gebiet der spieltheoretischen Strategiewahl an. Durch die Auswertung des ersten Durchgangs, durch die Offenlegung der Auswertungsergebnisse und durch die Bitte um Verbesserung der eingesandten Strategievorschläge geht Axelrod analog der Delphi-Methode, einer Methode zur Erhebung und Optimierung von Expertenwissen vor. Trotzdem zeigt diese Simulation nur die Interaktion einer begrenzten Auswahl verschiedener Strategien in einer begrenzten Anzahl von Spielzügen.

Auswahl stehenden Handlungsalternativen bestehen aus der Strategie *Gezielt Schießen*, um zu töten, und der Strategie *Vorsätzlich vorbeischie-ßen*, um Verletzungen zu vermeiden. Außerdem ist für beide Seiten „die Schwächung des Feindes von großem Wert, weil sie das eigene Überleben erleichtert, wenn es im betreffenden Abschnitt zu einer grö-ßeren Schlacht kommt" (Axelrod 2000: 68).

Kurzfristig ist es daher günstiger, gezielt auf den anderen Gegner zu schießen, unabhängig von der Strategiewahl des Gegners. Außerdem gelten auch die in 5.2.1 aufgestellten Bedingungen für die Verhältnisse der unterschiedlichen Auszahlungen. Denn wechselseitige Defektion (*Gezielt Schießen*) wird einseitiger Kooperation (*Gezielt Vorbeischießen*, während der andere *Gezielt schießt*) vorgezogen (P>S). Außerdem ist es so, dass einseitige Zurückhaltung des Gegners besser ist als beidseitige Kooperation (T>R). Auch ziehen die Gegner die Belohnung für beidsei-tige Zurückhaltung dem Ergebnis von beidseitigem Beschuss vor (R>P), denn „wechselseitige Bestrafung hat zur Folge, dass beide Ein-heiten Verluste erleiden und dafür nur geringe oder gar keine relativen Vorteile erlangen" (Axelrod 2000: 68). Daraus ergibt sich insgesamt die Ungleichung T>R>P>S, was der ersten Bedingung der Auszahlungs-matrix eines Gefangenendilemmas entspricht. Laut der zweiten Bedin-gung muss R > (T + S)/2 sein. Auch diese Bedingung findet sich hier erfüllt, da „beide Seiten wechselseitige Zurückhaltung einer Zufalls-folge jeweils einseitiger ernster Feindseligkeiten vorziehen" (Axelrod 2000: 68, 69).

Somit genügt die Situation einander gegenüberliegender kleiner Ein-heiten in einem ruhigen Frontabschnitt den erforderlichen Bedingun-gen eines Gefangenendilemmas.

> „Lokal hielt das Dilemma auch an: zu jedem Zeitpunkt war es klug, zu schie-ßen, um zu töten, gleichgültig, ob die andere Seite dies auch tat oder nicht. Was den Stellungskrieg so stark von anderen Gefechten unterschied, war aber die Tatsache, dass sich die gleichen kleinen Verbände über längere Zeit hinweg gegenüberlagen" (Axelrod 2000: 70).

Danach erweist sich die Situation des Stellungskrieges als ein iteriertes Gefangenendilemma. Erst bei Iteration werden, wie im theoretischen Teil des Paradigmas vorausgesagt, andere Strategien als *Gezielt Schie-ßen* möglich. Ein Schlüsselfaktor, erklärt Axelrod, sei die Erkenntnis der Soldaten, dass die jeweils andere Seite sich revanchieren kann, wenn man bei gegebener Gelegenheit besondere Zurückhaltung übt.

„Ähnlichkeiten in grundlegenden Bedürfnissen und Aktivitäten brachten die Soldaten zu der Einschätzung, dass die andere Seite vermutlich keine Strategie unbedingter Defektion verfolgen würde" (Axelrod 2000: 71). Aus diesem Grund erlaubte man es dem Gegner z.B., Verpflegungsnachschub zu bekommen, wissend, dass bei unkooperativem Verhalten der Gegner die Möglichkeit hatte, dies bei einem selbst ebenfalls durch Beschuss zu verhindern. Doch genauso wichtig wie die Bedingungen zur Entstehung von Kooperation war die Möglichkeit, von Zeit zu Zeit Sanktionsfähigkeit zu demonstrieren, um auf diese Weise zu zeigen, dass die eigene Zurückhaltung nicht auf Schwäche beruhe und Defektion bestraft werden konnte.

Dieses System von Leben–und–leben–lassen ging sogar so weit, dass ritualisierte Handlungen von beiden Seiten vorgenommen wurden. Zur Demonstrierung der Kampfbereitschaft gegenüber den eigenen Vorgesetzten wurden zu festen Zeiten Schüsse auf die gegnerischen Truppen gefeuert, wobei sich die gegnerischen Gruppen aufgrund des festen Zeitpunktes darauf einstellen konnten und so größerer Schaden vermieden wurde (vgl. Axelrod 2000: 78).

Dieses System fand ein Ende durch die Änderung der Kampfstrategien. Die Bataillone wurden in kleine Kampfstoßeinheiten eingeteilt, die einzeln den Feind in dessen Gräben angreifen sollten. „Das System des Leben–und–leben–lassen konnte mit der Unruhe nicht fertig werden, die Hunderte von kleinen Stoßtrupps verursachten. Nach einem Stoßtruppunternehmen wusste keine Seite, worauf sie sich einzustellen hatte" (Axelrod 2000: 74). Dadurch wurden die Bataillone gehindert, an ihren auf dem Reziprozitätsprinzip beruhenden kooperativen Strategien festzuhalten. Das Musterbeispiel des Stellungskrieges belegt, dass die Ursache der Kooperation nicht in internalisierten Normen der Gegenseitigkeit, sondern im eigennutzorientierten Verhalten der Akteure zu suchen ist.

> „Das System des Leben–und–leben–lassen, das im erbittert geführten Stellungskrieg des Ersten Weltkriegs entstand, macht deutlich, dass für den Beginn einer auf Gegenseitigkeit beruhenden Kooperation Freundschaft kaum notwendig ist. Unter geeigneten Umständen kann sich Kooperation auch zwischen Feinden entwickeln" (Axelrod 2000: 78).

In diesem Kapitel wurde gezeigt, dass für das iterierte Gefangenendilemma eine interne Lösung existiert. Die einzige Rahmenbedingung, die sich gegenüber dem einfachen Gefangenendilemma verändert findet, ist die Tatsache, dass die Interaktion zwischen den Akteuren wiederholt stattfindet. Für den Fall kann Axelrod nachweisen, dass eine kooperative Strategie wie *Tit for Tat* eine stabile und äußerst erfolgreiche Lösung darstellt. Allerdings sollte beachtet werden, dass *Tit for Tat* keine bedingungslos kooperative Strategie ist. Sie kann auf unkooperatives Verhalten reagieren und durch Defektion antworten. Das Reziprozitätsprinzip, das dieser Strategie zugrunde liegt, hat den entscheidenden Vorteil, dass es einen erzieherischen Effekt auf die Mitspieler ausübt. Im folgenden Kapitel werden sowohl die abzuleitenden Effekte als auch die offenen Rätsel dieses Paradigmas dargestellt werden.

5.2.3 Ableitbare Hypothesen und ungelöste Forschungsrätsel im Rahmen des Homo Oeconomicus-Paradigmas

Das Erkenntnisinteresse Axelrods gilt im Wesentlichen der Erklärung kooperativen Handelns nutzenmaximierender Akteure. Dabei geht er von zwei Akteuren aus, die sich in einer Gefangenendilemmasituation befinden und sich zwei Handlungsmöglichkeiten gegenübersehen. Seine zentrale These beläuft sich darauf, dass zwei Akteure unter der Voraussetzung einer wiederholten Interaktion eine kooperative Strategie wählen werden, und zwar aufgrund ihres Ziels der persönlichen Nutzenmaximierung Der Ansatz von Axelrod lässt sich in Form folgender Hypothesen zusammenfassen:

- Je stabiler und dauerhafter die Beziehung zwischen zwei Akteuren ist, desto eher kann Kooperation zwischen ihnen entstehen (vgl. Axelrod 2000: 117).

- „Wenn alle anderen eine Strategie ständiger Defektion verwenden, dann kann ein einzelnes Individuum nichts Besseres tun, als ebenfalls diese Strategie zu benutzen" (Axelrod 2000: 104).

- Unter der Annahme, dass das Spiel mit genügend großer Wahrscheinlichkeit mindestens eine weitere Interaktion andauert, ist Kooperation die beste Handlungswahl bei einem Gegenüber, dessen Handlungszüge nicht von vornherein auf Defektion festgelegt sind (Axelrod 2000: 157).

- „Wenn die Zukunft einen großen Schatten wirft, wie er in dem hohen Diskontparameter von 90 Prozent zum Ausdruck kommt, lohnt es sich also, mit jemandem zu kooperieren, der Tit for Tat verwendet" (Axelrod 2000: 115).

- Wenn der Schatten der Zukunft gering ist, wird Kooperation nicht entstehen oder zumindest schnell verschwinden (vgl. Axelrod 2000: 116).

Aufgabe dieses Kapitels war die Rekonstruktion des Homo Oeconomicus-Paradigmas in der Version von Axelrod. Das Besondere seines Ansatzes liegt in der Betonung der strategischen Interaktion unter Akteuren. Dabei untersucht Axelrod eine besondere Handlungssituation, die aufgrund ihrer Anreizstruktur in einem einmaligen Spiel Kooperation nicht ermöglicht. Hier sollte deutlich werden, wie eine paradigmatische Erklärung für dieses Handlungsdilemma auszusehen hat. Es bietet sich folgende Vorgehensweise an:

1. Untersuche die Anreizstruktur der Handlungssituation. Liegt aufgrund der verschiedenen Auszahlungen eine Gefangenendilemmasituation vor?

2. Gibt es einen Mechanismus, der die Wahrscheinlichkeit wiederholter Interaktion erhöht, etwa in Form von Verträgen, Institutionen oder einfach räumlicher Nähe?

3. Wenn nein, dann sollte nach Axelrod keine kooperative Strategie auf Dauer stabil sein. Wenn ja, dann wird sich kooperative Interaktion herausbilden.

Zur Erklärung wird auf die veränderten Auszahlungen im wiederholten Gefangenendilemma hingewiesen. Axelrod ist sich aber darüber im Klaren, dass in seiner Arbeit viele Fragen offen bleiben:

> „Natürlich werden durch die abstrakte Formulierung des Kooperationsproblems als Gefangenendilemma viele wichtige Besonderheiten ausgeblendet, die jede tatsächliche Interaktion einzigartig machen. Beispiele für unberücksichtigte Aspekte sind die Möglichkeit verbaler Kommunikation, der direkte Einfluss dritter Parteien, die Probleme der Ausführung einer Entscheidung und die Unsicherheit über das tatsächliche Verhalten des anderen Spielers im vorangegangen Zug" (Axelrod 2000: 17).

Des Weiteren ist es prinzipiell ungeklärt, in welchem Verhältnis die Ergebnisse einer spieltheoretischen Computersimulation zu dem Verhalten wirklicher Menschen stehen. Die Berechnung der Diskontrate mittels des Diskontparameters entspricht zumindest dem üblichen handlungstheoretischen Erklärungsweg. Wobei der empirisch zu interpretierenden Gehalt des Diskontparameters bisher nur unzureichend berücksichtigt wurde. Inwieweit die Ergebnisse der Computersimulation die Unmöglichkeit der Angabe der Diskontrate aller Strategien kompensieren können, bleibt ebenfalls fraglich.

Es lassen sich dennoch gute Gründe dafür finden, dass kooperative Strategien unter bestimmten Brückenhypothesen wie beispielsweise dem iterierten Spiel erfolgreich abschneiden. Der handlungstheoretische Kern des Homo Oeconomicus–Paradigmas verbirgt sich jedenfalls in der Annahme, dass ein rationaler Akteur diejenige Handlungsalternative wählen wird, die ihm den höchsten Nutzen verspricht. Anhand der verschiedenen Diskontierungsraten lässt sich zeigen, dass in wiederholten Spielen bedingt kooperative Strategien wie *Tit for Tat* am erfolgreichsten abschneiden.

Auf der Grundlage der rekonstruierten Arbeiten von Putnam, Coleman, Dahrendorf und Axelrod soll nun im folgenden Kapitel die Zuordnung der Sozialkapitalansätze zu den klassischen Paradigmen vorgenommen werden. Dem aufmerksamen Leser wird nicht entgangen sein, dass sich bereits Parallelen zwischen Putnam und Dahrendorf sowie zwischen Coleman und Axelrod abgezeichnet haben. Von diesen Parallelen und den daraus ableitbaren Konsequenzen handelt das nächste Kapitel.

5.3 Sozialkapital als kulturell geprägte Einstellung der Menschen oder als Lösung der Kooperationsproblematik rationaler Akteure

Die Vorarbeit zum Beleg der in der Einleitung aufgestellten These ist bereits geleistet worden. Die notwendigen Kriterien, anhand derer ein Vergleich der vorgestellten Arbeiten unternommen werden kann, wurden im zweiten Kapitel entwickelt. Sie leiteten den weiteren Argumentationsgang, insofern als bei Putnam, Coleman, Dahrendorf und Axelrod jeweils nach den Elementen, dem Erklärungsmuster und den daraus resultierenden Effekten gefragt wurde. Natürlich erfüllen sie auch in diesem Kapitel bei der direkten Gegenüberstellung der Arbeiten ihren Zweck. Anhand der Kriterien wird sich zeigen, dass Putnam und Coleman unterschiedlichen Paradigmen zuzuordnen sind.

Da die aufgestellte These erstens die Zugehörigkeit Putnams zum Homo Sociologicus-Paradigma behauptet und zweitens Coleman dem Homo Oeconomicus-Paradigma zuweist, liegt es nahe, im Folgenden vor allem die Übereinstimmungen innerhalb der Paare Dahrendorf/Putnam und Axelrod/Coleman jeweils auf der Ebene der Elemente, der Gesetzmäßigkeit sowie der Effekte aufzuzeigen. Zunächst interessiert beim Vergleich der Arbeiten die Ebene der Elemente. Nach einer kurzen Rekapitulation der Ergebnisse, die in Bezug auf Dahrendorf gewonnen werden konnten, wird Putnam auf Ähnlichkeiten und Unterschiede zu Dahrendorf hin untersucht. In analoger Weise werden anschließend Axelrod und Coleman miteinander verglichen. Dieses Vorgehen wiederholt sich auf allen drei Ebenen.

5.3.1 Einordnung der Elemente der Sozialkapitalansätze in die klassischen Paradigmen

In Dahrendorfs Überlegungen findet sich an zentraler Stelle der Begriff der ‚Rolle' (vgl. Kap. 5.1.1). Er beschreibt die Ansprüche einer gesellschaftlichen Bezugsgruppe an den Träger einer bestimmten gesellschaftlichen Position. Es ist die Bezugsgruppe, also eine Gruppe von Personen, die sich durch soziale Beziehungen und Interaktionen auszeichnet, die die inhaltliche Definitionsmacht über die an den Rollenspieler gerichteten Erwartungen zukommt. Diese Rollenerwartungen werden infolge des Sozialisierungsprozesses vom Rollenspieler als Einstellungen internalisiert. Der Mensch wird im Rahmen dieses Paradigmas als ein Normbefolger gesehen. Seine Handlungen oder besser sein Verhalten sind Ausdruck der internalisierten gesellschaftlichen Erwartungshaltung. Das Paradigma nennt sich deshalb nach dem zugrunde liegenden Menschenbild auch ‚Homo–Sociologicus'.

Bei Putnam umfasst der Begriff des sozialen Kapitals im Wesentlichen drei Aspekte. Diese sind Netzwerke, Normen und soziales Vertrauen. In Kapitel 3 wurde gezeigt, dass Putnam Netzwerke als soziale Beziehungsgeflechte versteht, die sich durch wiederholte Interaktionen und durch einen begrenzten Personenkreis auszeichnen. Ihre Funktion besteht darin, den jeweiligen gesellschaftlichen Bezugsrahmen zu stellen, in dem die Akteure die gesellschaftlich erwünschten Normen der Gegenseitigkeit erlernen. Schon hier ergibt sich eine Deckungsgleichheit zwischen Dahrendorf und Putnam. Sie betrifft die inhaltliche Dimension der Begriffe der ‚gesellschaftlichen Bezugsgruppe' und des ‚Netzwerks'.

Aber auch beim zweiten Sozialkapitalaspekt, den Normen, lässt sich eine große Übereinstimmung feststellen. Putnam versteht unter Normen ein Konglomerat von Einstellungen und Regeln des gesellschaftlichen Zusammenlebens. Die Regeln entfalten ihre Wirksamkeit dadurch, dass sie mittels der wiederholten Interaktion in den Netzwerken erlernt und internalisiert werden. Das Beispiel dafür ist ein Akteur, der in einem Netzwerk eine Reziprozitätsnorm internalisiert, die sogar gegenüber Fremden außerhalb des Netzwerkes handlungsrelevant wird. Dies entspricht dem Normbegriff, wie auch Dahrendorf ihn verwendet. Bei ihm spiegeln sich Normen ebenfalls in der Ausübung des gesellschaftlich erwünschten Verhaltens wider. Normen oder gesell-schaftliche Erwartungen, Dahrendorf verwendet die Begriffe synonym, sind bei ihm unmittelbare Ursache für das ausgeübte Verhalten.

Der dritte Aspekt von Sozialkapital ist soziales Vertrauen. Es ergibt sich aus den zwei bereits genannten Bestandteilen der Sozialkapitalde-finition. In Kapitel 3.1 wurde gezeigt, dass Putnam zur Erläuterung des Begriffs des ‚sozialen Vertrauens' zwar auf die Idee der Nutzenmaxi-mierung verweist, es nichtsdestotrotz jedoch als Grundvertrauen ge-genüber Personen und Institutionen begreift.[58] Dabei fasst er Vertrauen als eine langfristige und stabile Einstellung gegenüber einem Objekt auf, die keinem unmittelbaren Einfluss durch veränderte Handlungssi-tuationen und –konsequenzen unterliegt. Lediglich für das Element des sozialen Vertrauens findet sich kein direktes Äquivalent bei Dah-rendorf. Zwar erwähnt er den Begriff des ‚Weltvertrauens', meint da-mit allerdings einen etwas anderen Zusammenhang.

Der Begriff des ‚Weltvertrauens' wurde dem Homo Sociologicus–Paradigma von deutschen Anthropologen hinzugefügt (vgl. Scheler 1928, Plessner 1950 und Gehlen 1958). Sie begreifen den Menschen „als ein Tier, dem die Instinkte im Lauf seiner biologischen Evolution weit-gehend verlorengegangen sind" (Schimank 2000: 53). Als Ausgleich für die daraus resultierende Orientierungslosigkeit in der Welt internali-siert er die normativen Erwartungen der gesellschaftlichen Bezugs-gruppe. So findet der Mensch das notwendige Weltvertrauen wieder, das ihn erst lebenstüchtig macht.

Auch Putnam begreift soziales Vertrauen als ein Grundvertrauen, das den Menschen handlungsfähig macht. Das soziale Vertrauen trägt so-mit auch bei ihm die Funktion, die Welt in ihrer Komplexität erfahrbar zu machen. Allerdings finden sich bei Putnam nicht die anthropologi-schen Überlegungen, auf die Dahrendorf verweist. Dennoch lässt sich auch bezüglich der Kategorie des Vertrauens eine erstaunliche Paralle-le zwischen Putnams Überlegungen und dem Homo Sociologicus–Paradigma feststellen. Beide begreifen Vertrauen als stabile und fest-stehende Disposition, die nicht aufgrund kurzfristig anstehender Handlungsentscheide gebildet wird, sondern ein beständiges Ord-nungsinstrument der Individuen für den gesellschaftlichen Bereich ist.

---

[58] Eine mögliche Erklärung für dieses Phänomen wird mit der Idee der Bedeu-tungsverschiebung in Kapitel 6.1 vorgestellt.

Zumindest auf der Ebene der Elemente kann damit eine Parallelität zwischen den Überlegungen Dahrendorfs und denen Putnams festgestellt werden.

Im Folgenden wird das Vokabular Axelrods mit dem von Coleman verglichen. Es stellt sich die Frage, ob auch zwischen ihnen Übereinstimmungen existieren.

Axelrods Anliegen ist es, die Entstehung von Kooperation in einer speziellen sozialen Situation zu erklären, die als Gefangenendilemma bezeichnet wird. Diese Situation zeichnet sich dadurch aus, dass zwei Akteure miteinander interagieren und bei ihrer Entscheidung für oder gegen eine Handlungsalternative die Entscheidung des Gegenübers mitberücksichtigen müssen. Das Menschenbild, das diesem Ansatz zugrunde liegt, betrachtet Menschen als zielorientierte Akteure, deren Handlungsmotivation darin besteht, ihren Nutzen zu maximieren. Dabei bedingt die Handlungssituation, der diese Akteure ausgesetzt sind, dass sich bei einem einfachen Spiel Defektion als die lohnendste Handlungsalternative erweist, obwohl durch die beidseitige Kooperation der Spieler ein höheres Ergebnis erzielt werden könnte (vgl. Kap. 5.2.2). Die Konsequenz dieser Handlungssituation ist ungewöhnlich und gehört deshalb auch zu den grundlegenden Elementen bei Axelrod. Erst wenn die Dilemmasituation durch wiederholtes Spiel aufgehoben ist, werden kooperative Strategien lohnenswert. Das wiederholte Spiel zeichnet sich dadurch aus, dass sich eine über mehrere Spielzüge andauernde Interaktionsbeziehung zwischen den Akteuren aufbaut. Es entsteht so zwischen ihnen eine soziale Beziehung. Dies führt so weit, dass unerwünschte Spielzüge vom Gegenspieler sanktioniert werden können. Selbst Normen können sich im Laufe der Interaktion zwischen den Spielern herausbilden.

Auch Colemans Definition von sozialem Kapital (vgl. Kap. 4) enthält die Idee, dass soziale Strukturen die Handlungen der in ihnen befindlichen Individuen bestimmen. Unter Sozialkapital versteht also auch Coleman Netzwerke, Normen und Vertrauen. Netzwerke sind ihm zufolge soziale Beziehungen zwischen zwei oder mehr Personen, die sich durch häufige Interaktion und interne Kommunikation auszeichnen. Ähnlich wie Axelrod sieht Coleman die Kooperation in dauerhaften sozialen Beziehungen, also in Netzwerken, verursacht.

Ein weiterer wichtiger Bestandteil der Sozialkapitaldefinition von Coleman sind Normen. Diese begreift er als Regeln einer Sozialstruktur, die helfen, Handlungen im Interesse von betroffenen Personen zu kontrollieren. Die Voraussetzung dafür ist, dass normabweichendes Verhalten sanktioniert werden kann. Normen werden deshalb von Coleman auch als die Spielregeln einer Handlungssituation bezeichnet.

Denselben Effekt schreibt auch Axelrod den Normen zu. Normen werden von Coleman und Axelrod also nicht in Form von handlungsrelevanten Einstellungen internalisiert, wie dies bei Putnam und Dahrendorf nachgewiesen werden konnte, sie drücken sich vielmehr in einer veränderten Anreizstruktur der Handlungssituation aus.

Schließlich unterscheidet sich auch ihr Vertrauensbegriff deutlich von dem des Homo Sociologicus–Paradigmas. Vertrauen bedeutet bei Coleman die Erwartung, dass eine einseitige Vorleistung nicht hintergangen wird. Es wird als Entscheidung unter Risiko modelliert. Vertrauen bedeutet also gerade nicht ein Grundvertrauen, das als stabile Einstellung der Akteure im Sozialisierungsprozess internalisiert wird, sondern eine Kalkulation in einer konkreten Handlungssituation, die die Wahrscheinlichkeit des erwarteten Nutzens relativ zum möglichen Verlust angibt. Vertrauen ist demnach abhängig von den möglichen Handlungsalternativen, den erwarteten Auszahlungen und von den zugeschriebenen Eintrittswahrscheinlichkeiten.

Auch hier wieder lässt sich eine Parallelität zu Axelrod feststellen. Denn die Wahl einer Handlungsalternative in einer Gefangenendilemmasituation fasst Axelrod ebenfalls als eine Entscheidung unter Risiko auf, bei der ein nutzenmaximierender Akteur diejenige Handlungsalternative auswählt, die ihm die höchste Diskontrate einbringt. Die Handlungsauswahl mittels der Diskontrate entspricht durchaus dem Vertrauensbegriff bei Coleman.

Auf der Ebene der Elemente besteht zwischen Coleman und Axelrod eine deutliche Parallelität. Beide sehen im Menschen einen nutzenmaximierenden Akteur, der vor einer Entscheidung unter Risiko steht und sich überlegen muss, welche Handlungsalternative ihm den größeren Gewinn verspricht.

5.3.2 Einordnung des jeweiligen Erklärungszusammenhangs der Sozialkapitalansätze in die klassischen Paradigmen

In diesem Abschnitt werden die verwendeten Erklärungsmuster verglichen. Auch hier bildet wieder die Analyse des Homo Sociologicus–Paradigmas den Auftakt.

Im Mittelpunkt der Überlegungen Dahrendorfs steht die Frage, wie die Regelmäßigkeiten in den Lebensabläufen verschiedener Individuen zu erklären sind. Dahrendorf führt sie auf die Erwartungsstruktur der Gesellschaft zurück. Seine These lautet, dass der Mensch sich rollengemäß verhält. Dies bedeutet, dass die normativen Strukturen auf gesellschaftlicher Ebene, die dem Individuum in Form einer an ihn gerichteten Erwartungshaltung begegnen, von diesem erlernt und verinnerlicht werden. Sie werden so zu einem Teil seines Ichs, zu seinem Gewissen. Durch die Verinnerlichung entfalten die Normen ihre handlungsbestimmende Wirkung. Die Art der internalisierten Normen ist dann dafür verantwortlich, welche Handlung ausgeübt wird. Handlungsalternativen zieht ein so programmierter Akteur überhaupt nicht in Erwägung. Es findet damit auch kein Selektionsprozess statt.

Ganz ähnliche Überlegungen lassen sich auch bei Putnam als zentrale Bestandteile des von ihm verwendeten Erklärungsmusters identifizieren. Er greift jedoch nicht nur auf die Argumentation des soziologischen Paradigmas zurück. Überraschenderweise finden sich bei Putnam nebeneinander zwei Erklärungsmuster zur Entstehung von Kooperation:

Erstens, so argumentiert er, sei das zentrale Moment der Kooperation die Vertrauensvergabe. Dabei beruft er sich auf das Homo Oeconomicus–Paradigma. Akteure kooperieren demnach in der Erwartung, dass einseitige Vorleistungen nicht hintergangen, sondern kooperativ erwidert werden. Demnach senke Sozialkapital die Transaktionskosten in problematischen Interaktionsituationen und ermögliche dadurch Kooperation.

Zweitens, meint Putnam, resultiere Kooperation aus der Internalisierung der in den Netzwerken erlernten Reziprozitätsnormen:

„Typically singled out as essential for the success of industrial district, in Italy and beyond, are norms of reciprocity and networks of civic engagement. (…)

103

> Social norms that forestall opportunism are so deeply internalized that the is-
> sue of opportunism at the expense of community obligation is said to arise less
> often here than in areas characterized by vertical and clientelistic networks"
> (Putnam 1993: 160).

Putnam argumentiert deshalb, dass die schwächere Entwicklung des südlichen Italiens in den über Jahrhunderte erhaltenen normativen Strukturen begründet ist. Er spricht von einer Kultur des Misstrauens, die das Leben im südlichen Italien bestimme, und von einer Kultur des Vertrauens, die charakteristisch für den Norden Italiens sei. Diese unterschiedlichen Kulturen seien über Jahrhunderte tradiert und stabil.

Parallel zu Dahrendorfs Erklärungsmuster wird auch von Putnam hier die Qualität der internalisierten Normen und Einstellungen für das beobachtbare Verhalten verantwortlich gemacht. Außerdem zeigt die Operationalisierung des Vertrauensbegriffs, dass Putnam die Vorstellung einer Handlung unter Risiko vom Homo Oeconomicus–Paradigma zwar übernimmt, sie aber unverbunden neben seinem eigentlichen Erklärungsmuster stehen lässt, das kooperative Handlungen auf internalisierte Einstellungen zurückführt. Dieses Erklärungsmuster entspricht nun aber der Vorgehensweise des Homo Sociologicus–Paradigmas.

An zwei Stellen in Putnams Werk findet sich sogar dessen Vokabular wieder (vgl. Putnam 2000: 312, 313). Putnam äußert sich dort dahingehend, dass der Rückgang von Sozialkapital auf den sinkenden Einfluss von Rollenmodellen zurückzuführen ist und dass dies der Grund dafür ist, dass Heranwachsende keine Normen der Hilfsbereitschaft mehr internalisieren. Deshalb kann man Putnam als einen Wissenschaftler bezeichnen, der mit den Instrumenten des homo sociologischen Erklärungsmodells arbeitet.

Wie Putnam zielt auch Axelrods Erkenntnisinteresse auf die Erklärung von Kooperation zwischen zwei oder mehr Akteuren ab. Dabei geht er aber, wie gesagt, von einem nutzenmaximierenden Akteur aus, der sich in einer Gefangenendilemmasituation befindet. Er legt dar, dass sich unter der Annahme eines wiederholten Spiels eine interne Lösung des Handlungsdilemmas ergibt. Dafür muss er zeigen, dass ein Akteur durch eine kooperative Strategie eine höhere Diskontrate erhält als durch eine unkooperative Strategie. Denn nur in dem Fall, wenn nämlich die Kooperation den größeren Nutzen verspricht, zieht ein rationaler Akteur die Handlungsalternative Kooperation der Alternative Defektion vor. Die Größe des erwarteten Nutzens kann mittels Diskontierung der Auszahlungen errechnet werden. Dabei wird der Betrag des erwarteten Nutzens aus dem Produkt des Nutzens und der zugeschriebenen Eintrittswahrscheinlichkeit bestimmt. Je stabiler nun eine soziale Beziehung zweier Akteure ist, desto größer ist die Wahrscheinlichkeit, dass der erhoffte Nutzen auch eintritt und erwirtschaftet wird. Besonders in dem Musterbeispiel aus dem 1. Weltkrieg wird deutlich, dass die Stabilität einer sozialen Beziehung eine notwendige Bedingung zur Entstehung von Kooperation darstellt.

Dieses Erklärungsmuster findet sich auch bei Coleman. Dessen Erkenntnisinteresse liegt ebenfalls in der Erklärung von Kooperation zwischen Individuen. Das entscheidende Merkmal einer kooperativen Handlung besteht bei ihm aus dem Moment der Vertrauensvergabe. Diese Handlungssituation kann als Handlung unter Risiko beschrieben werden, wobei das Risiko darin besteht, dass eine einseitig geleistete Vorleistung hintergangen werden kann.

Somit zeigt sich schon auf der Ebene der Handlungssituation, dass Coleman bei der Kooperationsentstehung von derselben Problematik ausgeht wie Axelrod. Beide sehen das Kooperationsproblem in der Struktur der Anreizsituation und dem rationalen Verhalten der Akteure begründet. Coleman zeigt, dass sich gewisse soziostrukturelle Faktoren wie Häufigkeit der Kontakte, Dichte des Netzwerkes und Informationen über den Transaktionspartner positiv auf die Wahrscheinlichkeit der Vertrauensvergabe auswirken, da sie das Risiko des Vertrauensbruchs senken. Auch hier offenbart sich die Affinität der von Coleman und Axelrod verwendeten Erklärungsmuster.

Axelrod argumentiert im Hinblick auf die Entstehung von Kooperation, wie bereits gezeigt, mit der Stabilität der sozialen Beziehung. Coleman erweitert das Erklärungsmuster Axelrods, indem er die Bedeutung von Kommunikation und Informationen für die Vertrauensvergabe herausarbeitet. Auch auf der Ebene der Normen zeigt sich eine große Ähnlichkeit zwischen Axelrod und Coleman. Nach Coleman bieten Netzwerke den Rahmen, in dem es zur Entstehung von Normen kommen kann. Diese verkleinern das Risiko des Vertrauensbruchs. Eine Voraussetzung für die Entstehung von Normen ist wiederum die Stabilität der sozialen Beziehung, was auch Axelrod betont. Das Bündel an soziostrukturellen Merkmalen aus Netzwerken, Normen und Vertrauen, das die Entstehung von Kooperation auf der Mikroebene ermöglicht, bezeichnet Coleman als soziales Kapital. Dieselben Elemente rückten bereits bei der Rekonstruktion der Überlegungen Axelrods in den Mittelpunkt. Coleman kann deshalb als ein Wissenschaftler charakterisiert werden, der im Rahmen des Homo Oeconomicus–Paradigma arbeitet.

5.3.3 Einordnung der unterschiedlichen Hypothesen der Sozialkapitalansätze in die handlungstheoretischen Paradigmen

In diesem Kapitel sol. nun abschließend untersucht werden, inwieweit sich auch auf der Ebene der Effekte und der abzuleitenden Hypothesen Parallelen zwischen den Sozialkapitalansätzen und den klassischen Paradigmen der Sozialwissenschaft ziehen lassen.

Dahrendorf führt das menschliche Verhalten auf die normative Struktur der Gesellschaft zurück. Er postuliert einen direkten Zusammenhang zwischen der normativen Struktur innerhalb der gesellschaftlichen Bezugsgruppe der Akteure und den ausgeübten Handlungen. Folgende Hypothesen lassen sich im Rahmen dieses Forschungsparadigmas entwickeln: Wenn die normative Struktur der gesellschaftlichen Bezugsgruppe aus Kooperationsnormen besteht, dann werden diese von den Akteuren verinnerlicht. Wenn diese Kooperationsnormen verinnerlicht sind, verursachen sie kooperative Handlungen in den entsprechenden Situationen. Diese Hypothesen entsprechen den Hypothesen, die auch aus dem Ansatz von Putnam abzuleiten sind. Allerdings finden sich bei Dahrendorf keine ausgearbeiteten Überlegungen dazu, inwieweit die Erwartung einer gesellschaftlichen Bezugsgruppe auch zu unkooperativem Handeln führen kann. Dies leistet Putnam und klärt damit eines der ungelösten Forschungsrätsel im Rahmen des soziologischen Paradigmas.

Putnam betont außerdem die positive Wirkung, die Sozialkapital auf das Verhalten der Bürger, ihre Einstellungen, auf die Performanz demokratischer Institutionen aber auch auf die ökonomische Entwicklung einer Volkswirtschaft ausübt. Aus seinen Überlegungen lassen sich folgende Hypothesen entwickeln.

Erstens stellen sich Effekte auf der Mikroebene ein. So gilt: Je höher der Grad an Sozialkapital in einer Gesellschaft ist, desto stärker finden sich Einstellungen wie Ehrlichkeit, Toleranz und Vertrauenswürdigkeit bei den Akteuren in einer Gesellschaft. Je höher der Grad an Sozialkapital in einer Gesellschaft ist, desto größer ist deren Bereitschaft zur politischen Partizipation. Gleichzeitig erweitert Putnam das Homo Sociologicus–Paradigma, indem er auch unkooperative Handlungen mit den Mitteln des Homo Sociologicus–Paradigmas erklären kann. Dafür steht folgende Hypothese: Wenn in einer Gesellschaft eine Kultur des Misstrauens herrscht, dann wird auch dieses Misstrauen von den Akteuren internalisiert und somit handlungsrelevant.

Zweitens zeigt Putnam auch auf der Makroebene Effekte von Sozialkapital auf. So erklärt er die unterschiedliche Performanz zwischen dem Norden und dem Süden Italiens mit dem unterschiedlichen Niveau an sozialem Kapital. Da der Grad an Sozialkapital im Norden höher ist als im Süden, arbeiten die politischen Institutionen dort besser. Dies schlägt sich auch in verbesserten Wachstumsraten der dort ansässigen Wirtschaft nieder.

Insgesamt zeigt sich, dass Putnam in seiner Argumentation auf das Erklärungsmuster des soziologischen Paradigmas zurückgreift und deshalb dort einzuordnen ist. Für die Zuordnung Colemans zum Homo Oeconomicus–Paradigma werden nun abschließend die Effekte Colemans mit denen Axelrods verglichen.

Axelrod unterstellt einen direkten Zusammenhang zwischen der gesellschaftlichen bzw. sozialen Struktur und den ausgewählten Handlungen. Wenn die soziale Struktur einer einmaligen Gefangenendilemmasituation entspricht, werden keine kooperativen Handlungen ausgeübt. Dies ändert sich, wenn die soziale Beziehung zwischen den Akteuren von Dauer ist. Axelrod argumentiert, dass der Schatten der Zukunft einen Einfluss auf die Entscheidung in einer konkreten Handlungssituation nimmt. Der Schatten der Zukunft hängt direkt mit der sozialen Struktur zusammen, in die die Handlung eingebettet ist. Wenn die soziale Struktur eine dauerhafte und stabile Beziehung zwischen den Akteuren fördert, dann ergeben kooperative Strategien die höchste Auszahlung. Dies erklärt, warum rationale Akteure kooperative Strategien wählen. Ganz ähnliche Überlegungen lassen sich bei Coleman finden.

Auch Colemans Anliegen ist es, zu zeigen, dass menschliche Handlungen nicht in beziehungsfreien Räumen stattfinden, sondern im Gegenteil in hohem Maße in die Struktur der sozialen Beziehungen eingebettet sind und durch sie beeinflusst werden.

Dies spiegelt sich auch in den Hypothesen wider, die man aus seinem Sozialkapitalansatz herleiten kann: Je intensiver und dichter das Netzwerk ist, desto eher werden kooperative Handlungen ausgeübt. Kooperationsnormen und Normen der Gegenseitigkeit bilden sich in dichten Netzwerken heraus und unterstützen die Vertrauensvergabe. Wenn man Informationen über seinen Transaktionspartner besitzt, die dessen Vertrauenswürdigkeit stützen, dann erleichtern diese die Vergabe von Vertrauen Im Laufe der Interaktionen, die man mit verschiedenen Personen durchführt, entwickelt man eine durchschnittliche Vertrauenswahrscheinlichkeit, mit welcher man Fremden gegenübertritt. Das entscheidende Merkmal dieses Ansatzes ist es, dass die eigentliche Handlungsmotivation immer gleich bleibt: Menschen handeln, um ihren Nutzen zu maximieren. Die gesellschaftlichen Rahmenbedingungen sind verantwortlich dafür, ob kooperative Handlungen ausgewählt werden oder nicht. Veränderte Handlungsgewohnheiten sind aus dieser Perspektive immer auf veränderte Anreizstrukturen zurückzuführen.

Die ableitbaren Hypothesen unterstellen also einen Zusammenhang zwischen bestimmten sozialen Strukturen wie z.B. dichten sozialen Beziehungen und der Attraktivität kooperativer Handlungen. Dieser Zusammenhang findet sich auch bei Axelrod. Damit lässt sich Coleman auch auf der Ebene der zugeschriebenen Effekte dem Homo Oeconomicus–Paradigma zuordnen.

Im Verlauf dieses Kapitels wurde gezeigt, dass sich Parallelen zwischen Putnam und Dahrendorf auf der einen Seite und Coleman und Axelrod auf der anderen Seite aufzeigen lassen. Diese bestätigten sich auf der Ebene des Vokabulars, der Ebene der Gesetzmäßigkeit und der Ebene der ableitbaren Hypothesen. Somit konnte die These bestätigt werden, dass Putnam dem Homo Sociologicus–Paradigma und Coleman dem Homo Oeconomicus–Paradigma zugerechnet werden kann. Damit aber wird es problematisch, auf beide Autoren in einer Argumentation zu verweisen. Schließlich beziehen sich Putnam und Coleman auf unterschiedliche soziale Phänome mit jeweils eigenen Eigenschaften, wenn sie von Vertrauen, Normen und sozialem Kapital sprechen.[59]

---

[59] Faust/Marx setzen sich mit den Problemen auseinander, die sich aus der unreflektierten Vermischung von Argumenten aus konkurrierenden Paradigmen ergeben. Ohne die theoretische Festlegung auf eine Handlungstheorie, besteht die Gefahr, dass beliebig Handlungsursachen herangezogen werden, um scheinbar unerklärliche Handlungen zu erklären (vgl. Faust/Marx 2004). Eine solche problematisch Vorgehensweise findet sich beispielsweise bei North, der den Faktor Ideologie einführt, um scheinbar irrationale Handlungen ex-post zu rationalisieren (vgl. North 1988: 46–60).

Das folgende Kapitel präsentiert noch einmal die Ergebnisse. Außerdem werden die Auswirkungen der hier festgestellten Unterschiede auf die Steuerungsmöglichkeit zivilgesellschaftlicher Prozesse aufgezeigt. Dabei wird deutlich, dass der Sozialkapitalansatz Colemans dem von Putnam vorzuziehen ist.

6 Die zwei Sozialkapitalvarianten und ihre steuerungstheoretischen Implikationen

Dieses Kapitel verfolgt mehrere Ziele:

Erstens hat es den Charakter eines Schlusskapitels, das die Ergebnisse der Arbeit zusammenfasst.

Zweitens wird gezeigt, dass sich aus den beiden Sozialkapital-Konzeptionen Colemans und Putnams unterschiedliche Steuerungsoptionen ergeben. In dem Zusammenhang wird sich auch die empirische Relevanz der wissenschaftstheoretischen Arbeit zeigen. Je nach Paradigma ergeben sich unterschiedliche Handlungsempfehlungen zur Erzeugung von Kooperation. Schließlich wird eine Einschätzung darüber abgegeben, welcher der beiden Sozialkapitalansätze aufgrund des bisherigen Wissensstandes als der handlungstheoretisch Bessere angesehen werden kann.

Drittens soll ein Blick auf aktuelle empirische Studien zum Sozialkapitalansatz geworfen werden. Es wird sich zeigen, dass der Begriff Sozialkapital heute differenzierter gebraucht wird. Das grundlegende Problem der Vermischung der theoretischen Erklärungsmuster konkurrierender Paradigmen wird aber immer noch nicht ausreichend berücksichtigt.

6.1 Zusammenfassung der Ergebnisse

Der bisherige Verlauf der Arbeit ergab, dass Putnam und Coleman ganz unterschiedliche Vorstellungen von Akteuren, Normen und Handlungen haben, obwohl sie eine ähnliche Begrifflichkeit benutzen. Dies erklärt sich aus ihrer Zugehörigkeit zu verschiedenen Paradigmen der Sozialwissenschaft. Denn nicht umsonst gehen die beiden klassischen Paradigmen ‚Homo Oeconomicus' und ‚Homo Sociologicus' von unterschiedlichen anthropologischen und sozialtheoretischen Voraussetzungen aus. Daraus resultieren jeweils unterschiedliche ontologische Verpflichtungen, die bei der weiteren Theoriebildung berücksichtigt werden müssen. Man hat es entweder mit einem normbefolgenden oder mit einem nutzenmaximierenden Akteur zu tun. Beides zugleich ist nicht möglich oder zumindest nicht mit einer einfachen Vermischung der Ansätze zu erreichen.

Zwar existieren seit einiger Zeit in den Sozialwissenschaften theoretische Konzepte, die eine Integration von soziologischen und ökonomischen Argumentationsmustern erlauben. Diese sind jedoch bisher in der Sozialkapitalforschung nicht oder nur unzureichend berücksichtigt worden. Lohnenswert wäre sicherlich eine stärkere Rezeption der Arbeiten von Fazio (1990) Aizen und Fishbein (1980) und Esser (2001). Diese gehen explizit auf das Verhältnis von Einstellungen, Präferenzen, sozialen Normen und Handlungsentscheidungen ein und bieten damit einen geeigneten Rahmen, die unterschiedlichen Konzepte zu integrieren. Auf diese möglichen Entwicklungspfade kann in der Arbeit jedoch nur hingewiesen werden. Der Fokus hier liegt auf der Ausarbeitung der Unterschiede innerhalb des Sozialkapitalansatzes.

Die folgende graphische Darstellung veranschaulicht noch einmal die Ergebnisse.

2. Kap. Kuhns Paradigmabegriff			

3. Sozialkapital bei Putnam	4. Sozialkapital bei Coleman	5. Die zwei klassischen Paradigmen	
		5.1 Kooperation bei Dahrendorf	5.2 Kooperation bei Axelrod
Akteur: Normbefolger Sozialkapital als Handlungsgrund Es wird verstanden als Netzwerk, Norm und Soziales Vertrauen Netzwerke = soziales Beziehungsgeflecht Normen = Spielzüge Vertrauen = Einstellung	Akteur: Nutzenmaximierer Sozialkapital als Lösung eines Kooperationsproblems. Sozialkapital wird verstanden als Netzwerke, Normen und Vertrauen Netzwerke = soziales Beziehungsgeflecht Normen = Spielregeln Vertrauen = Nutzenkalkül	Akteur: Rollenspieler Rolle meint die normative Erwartung der gesellschaftlichen Bezugsgruppe an ein Individuum Normative Erwartungen werden in Form von Einstellungen durch Individuum verinnerlicht	Akteur: Nutzenmaximierer Aufzeigen eines Handlungsdilemmas in einer Gefangenendilemmasituation Gefangendilemma setzt strukturelle Anreize zu Defektion Mittels Logik der Situation werden mögliche Handlungsalternativen analysiert.
In Netzwerken werden Reziprozitäts- und Fairnessnormen erlernt, die dann als Einstellungen handlungsrelevant werden. Kooperation = Handeln aus altruistischer Einstellung	Netzwerke ermöglichen wiederholte Interaktionen zwischen Akteuren, Informationen über andere Akteure und Kommunikation ermöglichen Vertrauensvergabe Kooperation = strategische Interaktion	In gesellschaftlichen Bezugsgruppen werden im Laufe des Sozialisierungsprozesses normative Erwartungen erlernt und zum Teil des Selbst. Handeln = Abrufen internalisierter Einstellungen	Wiederholtes Gefangenendilemma zeigt Vorteil kooperativer Handlungen. Wiederholte Interaktionen lassen soziale Beziehung und Vertrauen entstehen. Kooperation = strategische Interaktion
Sozialkapital dient zur Erklärung kooperativen Verhaltens. Sozialkapital als kulturelle Orientierung einer Gesellschaft	Sozialkapital als soziales Strukturmerkmal, das kooperative Handlungen begünstigt	Normative Struktur der Gesellschaft bestimmt Art der ausgeübten Handlungen	Ob Kooperation entsteht oder nicht, hängt von der Anreizstruktur der Situation ab. Wenn dauerhafte Beziehung gegeben ist, dann Kooperation als rationale Wahl

Homo Sociologicus	Homo Oeconomicus

113

Zur Erläuterung der Graphik werden beide Ansätze noch einmal kurz zusammengefasst und bewertet:

Zunächst soll Putnams Sozialkapitalansatz betrachtet werden. Er selbst versteht Sozialkapital als eine ‚weiche Lösung' des Gefangenendilemmas. Allerdings kann bei Putnam nicht von einer gefangenendilemma-ähnlichen Situation gesprochen werden. Denn ein Dilemma entsteht nur dann, wenn nutzenmaximierende Akteure aufgrund der Anreizstruktur eine Handlungswahl treffen müssen, die zwar den individuellen Nutzen maximiert, kollektiv gesehen aber nicht zum besten Ergebnis führt. Diese Dilemmasituation liegt bei Putnam nicht vor.

Nach Aussage des Homo Sociologicus–Paradigmas handeln Akteure nicht nutzenmaximierend, sondern richten ihr Handeln an internalisierten gesellschaftlichen Erwartungen aus. Dadurch existiert bei Putnam keine Differenz zwischen einer individuellen und einer kollektiven Rationalität, wie sie für eine Gefangenendilemmasituation eigentlich charakteristisch ist. Es stellt sich daher die Frage, warum Putnam auf das Gefangenendilemma verweist und warum er glaubt, in seinem Sozialkapitalansatz spieltheoretische Elemente verwendet zu haben.

Hier greift der Mechanismus der Bedeutungsverschiebung, den Kuhn in *Die Struktur wissenschaftlicher Revolutionen* entwickelt (vgl. Kap. 2.3). Demnach kommt den Begriffen ihre Bedeutung nicht allein aus ihrer Verweisfunktion auf ein empirisches Objekt zu, sondern aus den grammatisch möglichen Verwendungen mit anderen Elementen des Paradigmas. Die möglichen Verwendungen sind durch die jeweilige Gesetzmäßigkeit des Paradigmas vorgegeben. Da sich die Bedeutung des Gefangenendilemmas lediglich im Homo Oeconomicus–Paradigma offenbart, bleibt nur folgender Schluss: Putnam übernimmt zwar die Begrifflichkeiten, die im Rahmen des Homo Oeconomicus–Paradigmas verwendet werden, jedoch nicht ihren semantischen Gehalt. Deshalb tragen die Begrifflichkeiten inhaltlich auch nichts zu seiner Arbeit bei.

Wenn man die Inkommensurabilitätsthese Kuhns in einem strengen Sinne auffasst, ist Putnam nicht dazu in der Lage, die Elemente aus dem Homo Oeconomicus–Paradigma zu verstehen, da sie nicht in seinem paradigmatischen Zugriff auf die Welt existieren. Putnam übernimmt zwar die Begrifflichkeiten, muss aber Bedeutungsverschiebungen gegenüber der ursprünglichen Bedeutung im Homo Oeconomicus–Paradigma vornehmen. Der Grund dafür liegt in dem

Unterschied, der zwischen der Gesetzmäßigkeit seines Paradigmas und der des Homo Oeconomicus–Paradigmas besteht. Dadurch erhalten die von Putnam gebrauchten Begriffe einen anderen semantischen Gehalt.

Die Bedeutung des theoretischen Gehalts von Begriffen lässt sich nicht nur am Beispiel des Gefangenendilemmas aufzeigen. Auch für den Handlungsbegriff, den Begriff der Kooperation und den der Norm lassen sich Bedeutungsdifferenzen zwischen den Sozialkapitalansätzen feststellen.[60]

Putnam versteht unter Handeln ein Verhalten, das unmittelbar durch eine Einstellung hervorgerufen wird. Entsprechend versteht er unter Kooperation eine Handlung, die durch eine Kooperationsnorm motiviert ist. Dafür müssen bereits auf gesellschaftlicher Ebene in irgendeiner Form Normen vorhanden sein. Sie treten, so Putnam, den Individuen in Form gesellschaftlicher Erwartungen gegenüber. Dies bedeutet, dass von der Gesellschaft bestimmte Handlungen als erwünscht und andere als unerwünscht angesehen werden. Normen begegnen den Akteuren jedoch nicht als sanktionierte Spielregeln. Vielmehr werden sie vom Individuum internalisiert und erst anschließend erlangen sie ihre Handlungsrelevanz. Normen drücken sich deshalb in den Spielzügen der Akteure aus. Denn es sind moralische Handlungsmotive, die moralische Handlungen verursachen.

Aus diesem Grund kann Putnam beim Vergleich von Nord- und Süditalien von einer unterschiedlichen Kultur des Vertrauens sprechen. Bekanntermaßen stellt er eine unterschiedliche Erwartungshaltung an menschliches Verhalten in den zwei Landesteilen fest. Sozialkapital wird bei Putnam als ein kulturelles Phänomen begriffen, welches seit Jahrhunderten unbeeinträchtigt von sich ändernden politischen Strukturen das Niveau des individuellen Vertrauens und des politischen Engagements beeinflusst (vgl. Kunz 2000: 21). Deshalb wird Sozialkapital in diesem Paradigma als exogene Erklärungsvariable verwendet.

Ein vollkommen anderer Zugang wird im Homo Oeconomicus–Paradigma gewählt. Dort gilt es als Kardinalfehler, prosoziales Verhalten mittels altruistischer Motive zu erklären. „Unterstellt man nämlich a priori den Menschen Kooperationswilligkeit, so hat man das, was er-

---

[60] Wie Faust zeigt, ist auch der Begriff der ‚Kultur' im hohen Maße problematisch (vgl. Faust 2001, vgl. auch Faust/Marx 2004).

klärt werden soll, bereits als Motiv vorausgesetzt" (Ökonomie und Gesellschaft 1995: 7). Coleman schlägt deshalb bei der Erklärung von Kooperation in gefangenendilemmaähnlichen Handlungssituationen einen anderen Weg ein. Anders als bei Putnam existiert im Rahmen seiner theoretischen Welterschließung tatsächlich ein solches Kooperationsproblem. Sein Ausgangspunkt ist ein nutzenmaximierender Akteur, der sich in einer Gesellschaft mit anderen nutzenmaximierenden Akteuren bewegt. Coleman entwickelt folgende Lösung des Kooperationsproblems: Durch die Einbettung der Interaktionen in ein Netzwerk und der dadurch entstehenden hohen Erwartungswahrscheinlichkeit weiterer Interaktionen verändert sich die Anreizstruktur der Handlungssituation. Während bei einem einmaligen Spiel die Unsicherheit über das Verhalten des Transaktionspartners den Handlungszug bestimmt und deshalb Kooperation als Strategie ausscheidet, kann sich bei wiederholten Interaktionen Kooperation entwickeln. Der Grund dafür liegt in der Erwartung eines höheren Nutzens, der bei wiederholter Kooperation von beiden Handlungspartnern erwirtschaftet werden kann.

Somit bedeutet Kooperation bei Coleman nicht die unreflektierte Ausübung einer Kooperationseinstellung, sondern ein Handeln mit wohlkalkuliertem Risiko. Es gilt abzuwägen, ob durch eine kooperative Handlung der Nutzen vergrößert werden kann oder nicht. Dabei muss vom Akteur Folgendes berücksichtigt werden: Welche Strategien kann der Interaktionspartner wählen, wie stabil ist die soziale Beziehung, die er mit ihm unterhält, welche Auszahlungen können durch Kooperation und welche durch Defektion erreicht werden? Schließlich stellt sich das Problem, dass durch Defektion zwar kurzfristig ein hoher Gewinn erreicht wird, langfristig aber dadurch ein Statusverlust hingenommen werden muss, der weitere Interaktionen mit anderen Akteuren des Netzwerkes unmöglich macht. Weiterhin muss vom Akteur beachtet werden, ob in dem Netzwerk, in dem seine Handlung eingebunden ist, sanktionierte Kooperationsnormen existieren.

Im Unterschied zu Putnam äußern sich Normen bei Coleman nicht in Form von Spielzügen, sondern treten als Spielregeln eines Handlungssystems in Erscheinung. Wirksame Normen verändern die Anreizstruktur einer Handlungssituation und lösen dadurch das Gefangenendilemma in eine andere Spielart auf (vgl. Bates: 1988). Sie werden nach dem Homo Oeconomicus–Paradigma deshalb nicht internalisiert und in Form von Einstellungen handlungswirksam, sondern nehmen als Restriktionen Einfluss auf die Handlungswahl des Akteurs. Insofern wird Sozialkapital nach dem Homo Oeconomicus–Paradigma als endogene Variable betrachtet. Dies bedeutet, dass sie innerhalb der sozialen Struktur angelegt ist, statt dieser vorauszugehen. Darin liegt ein weiterer Unterschied der beiden Paradigmen, der im folgenden Abschnitt von Bedeutung sein wird, wenn es um die Erzeugung kooperativer Handlungen geht.

6.2 Ableitbare Steuerungskonzepte der unterschiedlichen Paradigmen

In diesem Abschnitt steht die Frage nach den aus den Sozialkapitalansätzen ableitbaren Steuerungskonzepten im Mittelpunkt. Dafür ist es notwendig, jeweils die unabhängige Variable des Ansatzes, die für die Entstehung von Kooperation verantwortlich gemacht wird, zu beeinflussen.

Dem Sozialkapitalansatz Putnams entsprechend bedeutet dies, dass man versuchen muss, mehr moralische Einstellungen zu erzeugen. Putnams These vom Rückgang des Sozialkapitals lässt sich so interpretieren, dass aufgrund soziostruktureller Veränderungen wie längerer Arbeitszeiten, höherer Mobilität, gestiegenen Fernsehkonsums und aufgrund eines Rückgangs an sozialen Kontakten, die Möglichkeiten zum Erlernen sozialer Einstellungen eingeschränkt sind. Hierin liegt nach Putnam der Grund für den Niedergang freiwilliger politischer Partizipation sowie sonstiger ehrenamtlicher Tätigkeiten. Die Gegenmaßnahmen liegen für ihn in der Betonung familiärer Strukturen, in der Stärkung kleiner Netzwerke und in der Förderung von Institutionen, die für die Kinder- und Jugendausbildung verantwortlich sind. Putnam betont darum auch ausdrücklich die Rolle der Gemeinschaft, in der moralische Werte vermittelt werden: „So our challenge is to restore American community for the twenty – first century (…) " (Putnam 2000: 402).

Laut Putnam sind Maßnahmen zur Stärkung von Sozialkapital vor allem in folgenden Zusammenhängen notwendig. Diese sind: „Youth and school; the workplace; urban and metropolitan design; religion; arts and culture; and politics and government" (Putnam 2000: 404). Für den Erziehungsbereich schlägt er vor, das Fach Gesellschaftskunde verstärkt zu fördern. Dabei soll jedoch nicht die Vermittlung faktischen Wissens, sondern die Erziehung der Schüler zu aktiven und engagierten Bürgern im Vordergrund stehen. „Imagine, for example, the civic lessons that could be imparted by a teacher in South Central Los Angeles, working with students to effect public change that her students think is important, like getting lights for a neighborhood basketball court" (Putnam 2000: 405). In solchen Projekten sollen die Schüler Einstellungen erlernen, die sie auch nach ihrer Schulzeit weiterhin zu eh-renamtlichem Engagement motivieren.

Neben Schule und Ausbildung möchte Putnam aber auch die Arbeits-bedingungen der Eltern verändert wissen: „Let us find ways to ensure that by 2010 America's workplace will be substantially more family – friendly and community – congenial, so that American workers will be enabled to replenish our stocks of social capital both within and out-side the workplace" (Putnam 2000: 406). Deshalb möchte er beispiels-weise Zeit und Raum für politische Diskussionsgruppen am Arbeits-platz schaffen. Außerdem will er die Arbeitszeit verkürzen, so dass mehr Zeit für das Familienleben bleibt. Insbesondere Nachbarschafts-beziehungen und der Kontakt zu befreundeten Familien sollen von der verkürzten Arbeitszeit profitieren. Daneben möchte er den Kontakt der Bürger untereinander auch durch städtebauliche Maßnahmen fördern (vgl. Putnam 2000: 408).

Ein weiterer Faktor, den Putnam für die Stärkung von Sozialkapital heranzieht, sind Kirchen und religiöse Vereinigungen. Auch diese sol-len durch staatliche Zuwendungen eine besondere Förderung erhalten. Sie transportieren schließlich in ihren religiösen Überzeugungen die erwünschten moralischen Einstellungen. Außerdem möchte er die Be-deutung der Kultur wieder stärken. Er geht davon aus, dass durch ge-zielte Kulturförderung auch gesellschaftlich relevante Gruppenaktivi-tät erzeugt wird: „Let us discover new ways to use the arts as a vehicle for convening diverse groups of fellow citizens" (Putnam 2000: 411). Als letzten Punkt möchte Putnam die Beteiligungsmöglichkeiten der Bürger ausbauen.

Wie aus den präsentierten Maßnahmen hervorgeht, ist die Zeitspanne, die man für die erwünschten Veränderungen veranschlagen muss, äu-ßerst lang. Lakonisch bemerkt Putnam: "The civic community has deep historical roots. This is a depressing observation for those who view institutional reform as a strategy for political change. (…) The fate of the reform was sealed centuries ago" (Putnam 1993: 183). Der Grund dafür, warum Veränderungen im Rahmen des Homo Sociologicus–Paradigmas so langwierig und schwierig zu erzeugen sind, liegt in der Annahme, dass die Handlungen der Individuen durch Einstellungen bedingt sind. Es gibt keine Möglichkeit die Handlungen der Akteure direkt zu beeinflussen. Aufgrund normativer Überzeugungen ist für den Akteur nur eine Handlungswahl plausibel, und nur diese Handlung wird er auch ausüben.

Ganz anders sind die Möglichkeiten, die sich im Rahmen des Homo Oeconomicus–Paradigmas bieten. Dort besteht der harte Kern des Paradigmas und damit das zentrale Gesetz gerade in der Auswahl einer Handlungsalternative. Dem geht eine Bewertung der einzelnen Handlungsalternativen nach ihrem Nutzen und der Erwartungswahrscheinlichkeit ihres Auftretens voraus. Der Akteur wählt die am höchsten bewertete Handlungsalternative aus. Laut Coleman wird die Handlungsauswahl in einem starken Ausmaß beeinflusst durch die Struktur der Situation, in die die Handlung eingebettet ist. Dabei begünstigen gewisse Strukturmerkmale kooperative Handlungen, andere verhindern sie.

Wenn man nun Kooperation erzeugen möchte, gilt es, gesellschaftliche Rahmenbedingungen zu schaffen, die kooperative Handlungen fördern. Coleman selbst gibt leider keine konkreten Hinweise, auf welche Weise Sozialkapital in der Gesellschaft gestärkt werden könnte. Es kann dafür aber auf Axelrod zurückgegriffen werden. Die wichtigste Erkenntnis Axelrods, der sich im siebten Kapitel seiner Monographie *Die Evolution der Kooperation* explizit mit der Frage der Kooperationsförderung beschäftigt, ist die Notwendigkeit der „Vergrößerung der Bedeutung der Zukunft im Verhältnis zur Gegenwart" (Axelrod 2000: 113). Wechselseitige Kooperation kann eine stabile Strategie sein, wenn eine hinreichend große Anzahl weiterer Interaktionen zu erwarten ist. Deshalb lautet eine Maßnahme, starke soziale Beziehungen zwischen den Akteuren aufzubauen (vgl. Axelrod 2000: 117). Dies kann man durch Colemans Überlegungen ergänzen, der in der Kommunikation ein wichtiges Mittel zur Stärkung sozialer Beziehungen sieht (vgl. Coleman 1995: 416). Hierfür würden sich wieder architektonische Maßnahmen in den Städten anbieten. Mit der Schaffung von Spielplätzen und Grünflächen könnten Kommunikationsräume entstehen. Auch eine Stärkung des Vereinslebens führt aus dieser Richtung zu einem stabileren sozialen Beziehungsgeflecht.

Daneben gibt es aber noch eine weitere Lösung für das Kooperationsproblem. Es ist ebenso denkbar, die Auszahlungshöhe für kooperatives Handeln zu erhöhen bzw. unkooperatives Verhalten zu sanktionieren. Dadurch könnte das Gefangenendilemma z.B. in einem Gemeinschaftsspiel aufgelöst werden. Als Musterbeispiel für diese theoretische Überlegung lässt sich das Problem ehrenamtlichen Engagements anführen. Eine Möglichkeit zur Stärkung des Ehrenamtes liegt in der Anrechnung ehrenamtlich geleisteter Arbeit auf die Höhe des späteren Rentensatzes oder in einer entsprechenden Senkung des Rentenalters.

Auch im Bereich der Entwicklungshilfe gibt es bereits Konzepte, welche den Sozialkapitalansatz Colemans verwenden.[61] Insbesondere die Grameenbank in Bangladesch arbeitet damit äußerst erfolgreich. Es kommen dabei beide Strategien zur Auflösung eines Gefangendilemmas zum Tragen. Die Bank vergibt Kleinkredite bevorzugt an Frauen, die sich in Gruppen zu jeweils fünf Personen zusammenschließen müssen. Allerdings bekommen nicht alle gleichzeitig einen Kredit. Die Kredite werden der Reihe nach an die Mitglieder der Kleingruppe vergeben, und es werden erst dann anderen Mitgliedern weitere Kredite bewilligt, wenn die ersten zurückgezahlt sind. Durch die Verantwortung der Kreditnehmer gegenüber den anderen Gruppenmitgliedern entsteht ein hoher sozialer Druck, den Kredit zurückzuzahlen. Ein weiter Anreiz besteht darin, dass nur, wenn die Kredite zurückgezahlt werden, auch die Möglichkeit auf neue, größere Kredite besteht. Durch dieses System erreicht die Bank eine Kreditrückzahlungsquote von 98 Prozent, was von westlichen Banken selten erreicht wird (vgl. Yunus 1998).

Abstrakt formuliert lautet die Strategie zur Erzeugung von Kooperation: Verändere die Anreizstruktur der Handlungssituation, so dass Kooperation die höchste Auszahlung bedeutet. Rationale Akteure werden dann die Handlungsalternative Kooperation wählen. Der Vorteil dieses Paradigmas liegt in der Möglichkeit der schnellen Einflussnahme. Der Grund, warum eine Handlungsalternative wahrgenommen wird, liegt nicht in der Sozialisierung, sondern in der konkreten Struktur der Handlungssituation. Wenn es gelingt, diese so zu verändern, dass Kooperation die bestmögliche Auszahlung ergibt, dann kann man unmittelbar auf die Handlungswahl Einfluss nehmen. Es spricht also zumindest ein pragmatischer Grund dafür, dass dem Sozialkapitalansatz Colemans der Vorzug zu geben ist. Er bietet die theoretische Möglichkeit einer schnellen Handlungsbeeinflussung.

---

[61]Zur Frage, wie Sozialkapital in Unternehmen aufgebaut werden kann, siehe Dederichs 1999.

Das ist jedoch noch kein hinreichender Grund, den einen Ansatz für richtig und den anderen Ansatz für falsch zu erklären. Insgesamt stellt sich die Frage, inwieweit auf der Basis dieses metatheoretischen Rahmens überhaupt eine Entscheidung darüber getroffen werden kann, welcher der beiden Ansätze richtig oder zumindest besser ist. Zumindest muss dafür die Inkommensurabilitätsthese in seiner scharfen Form zurückgewiesen werden und zumindest von einer schwachen Vergleichbarkeit konkurrierender Paradigmen ausgegangen werden.[62]

---

[62] Vgl. zur kritischen Auseinandersetzung mit dem Begriff der Inkommensurabilität den Aufsatz von Davidson ‚Was ist ein Begriffsschema?' (vgl. Davidson 1999). Im Übrigen demonstriert Kuhn selbst, dass konkurrierende Paradigmen vergleichbar sind, wenn er die unterschiedliche Qualität dieser vorstellt.

6.3 Bewertung der unterschiedlichen Sozialkapitalansätze

Die Feststellung, ein Sozialkapitalansatz sei besser als ein anderer, verlangt nach einem Maßstab, um eine Beurteilung der Leistungskraft eines Paradigmas vornehmen zu können. Dieser Maßstab findet sich in den allgemeinen Anforderungen an ein Paradigma, die Kuhn in seinem Aufsatz *Objektivität, Werturteil und Theoriewahl* formuliert (vgl. Kuhn 1997: 421-445). Die allgemeinen Anforderungen an ein Paradigma beruhen auf einem Grundkonsens über die generellen Anforderungen an wissenschaftliches Arbeiten.

Es besteht u.a. ein Konsens darüber, dass wissenschaftliche Arbeiten tatsachengerecht sein sollen, d.h. „auf ihrem Anwendungsgebiet sollten die aus ihr ableitbaren Forderungen mit den vorhandenen Experimenten und Beobachtungen in nachgewiesener Übereinstimmung stehen" (Kuhn 1997: 422).

Außerdem muss eine Theorie widerspruchsfrei sein. Die empirische Überprüfung ist jedoch nicht unproblematisch und Kuhn führt triftige Gründe an, warum ein empirischer Theorievergleich an natürliche Grenzen stößt. Denn aufgrund der theoretischen Qualität von Begriffen ist eine abschließende empirische Überprüfung von Theorien nicht möglich. Trotzdem lautet die erste Minimalanforderung, dass sich zumindest die von einer Theorie vorausgesagten empirischen Effekte an einem Musterbeispiel feststellen lassen müssen. Lediglich ein empirischer Vergleich zweier Systeme, bei denen die erste Minimalforderung erfüllt ist, kann aufgrund der theoretischen Qualität von Begriffen nicht vorgenommen werden. Denn es ist durchaus denkbar, dass sich zur Erklärung eines empirischen Phänomens zwei kohärente Begriffssysteme finden lassen. Der Versuch eines abschließenden Tests der theoretischen Grundlagen eines Paradigmas scheitert an der empirischen Unterbestimmtheit der dafür benötigten Begrifflichkeiten.[63]

---

[63] Vgl. auch Quines Überlegungen zur empirischen Unterbestimmtheit von Begriffen, die er anhand des Gavagai-Beispiels veranschaulicht (vgl. Quine 1960, 2. Kapitel).

„Was ein Mensch sieht, hängt sowohl davon ab, worauf er blickt, wie davon worauf zu sehen ihn seine visuell-begriffliche Erfahrung gelehrt hat" (Kuhn 1999: 125).

Aber bereits auf der wissenschaftstheoretischen Ebene lassen sich Gründe angeben, die für den Sozialkapitalansatz Colemans sprechen. Bei Kuhn findet man die Überlegung, dass zu einem wissenschaftlichen Paradigma auch Anforderungen an die Qualität einer wissenschaftlichen Arbeit gehören. Dazu zählt die genannte Forderung nach innerer Widerspruchsfreiheit.

Gegen diese Anforderung verstößt Putnam mit seiner Vorgehensweise, die zur Erklärung kooperativen Verhaltens zwei Erklärungsmuster heranzieht. Zum einen verweist Putnam zur Erklärung menschlichen Handelns auf das Homo Oeconomicus–Paradigma, zum anderen beruft er sich auf die Überlegungen des Homo Sociologicus–Paradigmas, um die Entstehung kooperativen Verhaltens zu erklären. Einen Mechanismus zur Klärung der Frage, wann der eine und unter welchen Umständen der andere Erklärungsmechanismus greift, liefert er leider nicht. Zumindest diesen müsste er angeben, wenn er eine Synthese beider Ansätze beabsichtigte. Da er dies nicht tut, erscheint es plausibler, zu vermuten, dass ihm die Differenz zwischen den Ansätzen nicht aufgefallen ist. Die Erklärung für ein solches Verhalten liegt in dem bereits geschilderten Phänomen der Bedeutungsverschiebung.

Auch bei Coleman finden sich Überlegungen, in denen er das reine Homo Oeconomicus–Paradigma verlässt und von Norminternalisierung und innerer Sanktionierung spricht. Aber Coleman ist sich bewusst, dass er mit dem Rückgriff auf solche Überlegungen sein eigentliches Erklärungsmuster verlässt. Außerdem gibt er einen möglichen Lösungsweg vor (vgl. Kap. 4.2). Coleman versteht es also, seinen paradigmatischen Zugriff auf die Welt kritisch zu hinterfragen. So kann er die Defizite seiner Art der Welterschließung erkennen. Aus dieser Perspektive heraus gelingt ihm dann ein Lösungsvorschlag, der die unterschiedlichen Erklärungsansätze verbindet.

Noch ein weiterer Grund spricht gegen die Verwendung von Putnams Ansatz. Während er für Italien die unterschiedliche Kultur des Vertrauens tief im Mittelalter verursacht sieht, meint er, den Rückgang des Sozialkapitals in den USA an den strukturellen Veränderungen der letzten 50 Jahre festmachen zu können. Putnam scheint sich die erklärenden Variablen je nach gewünschtem Explanandum auszusuchen.

Ein solches Vorgehen geht zu Lasten der Konsistenz seines Sozialkapitalansatzes. Auch in dieser Hinsicht ist der Sozialkapitalansatz Colemans den Überlegungen Putnams vorzuziehen.

Der Ausgangspunkt dieser Arbeit war die Feststellung, dass häufig über Sozialkapital geschrieben wird, ohne zu reflektieren, ob Sozialkapital wirklich eine kohärente Theorie ist. Das Erkenntnisinteresse bestand zunächst in der Frage: Inwieweit Putnam und Coleman als prominenteste Vertreter des Sozialkapitalansatzes ein und demselben oder unterschiedlichen Erklärungsmustern verpflichtet sind. Dafür war es notwendig, einen metatheoretischen Rahmen zu wählen, der Kriterien liefert, die es ermöglichen, Theorien auf ihre Ähnlichkeit oder Unähnlichkeit zu testen.

Diese metatheoretischen Überlegungen fanden sich in den Schriften von Thomas S. Kuhn, denn Kuhns Anliegen besteht gerade darin, die jeweils eigene Qualität konkurrierender wissenschaftlicher Ansätze herauszustellen. Der zentrale Begriff, der diese Qualität eines Forschungsansatzes bezeichnet, ist der des Paradigmas. Es wurde gezeigt, dass sich ein Paradigma durch eine eigene Qualität der Sprache, eine eigene Gesetzmäßigkeit so wie durch eigene empirische Anwendungen in Form von Musterbeispielen auszeichnet. Aufgrund dieser Überlegungen wurden drei Kriterien entwickelt und in Form von forschungsleitenden Fragen formuliert. Ziel war es, die Elemente des Erklärungsansatzes, das jeweilige Erklärungsmuster und die zugeschriebenen Effekte des jeweiligen Ansatzes zu rekonstruieren und auf ihre Ähnlichkeit hin zu vergleichen.

Es stellte sich heraus, dass Putnam und Coleman unterschiedlichen Paradigmen der Sozialwissenschaften zuzuordnen sind. Denn es bestätigte sich die These, dass Putnam im Rahmen des soziologischen Paradigmas argumentiert und Coleman dem Homo Oeconomicus-Paradigma angehört. Darüber hinaus konnte die Bewertung vorgenommen werden, dass Putnams Sozialkapitalansatz sowohl aus pragmatischen Gründen als auch aus wissenschaftstheoretischer Sicht problematisch ist.

6.4 Ausblick und Ausdifferenzierung des Sozialkapitalkonzepts

Im Rahmen der aktuellen empirischen Forschung zum Sozialkapitalkonzept dominiert die soziologische Variante von Putnam (vgl. Gabriel et al 2002: 25; Foley/Ewards 1999). Ihm folgend orientiert man sich in den empirischen Studien aber keineswegs nur am theoretischen Rahmen des soziologischen Paradigmas, so dass neben Einstellungen auch Faktoren des ökonomischen Paradigmas wie Ressourcen und Institutionen als Restriktionen berücksichtigt werden. Die handlungstheoretischen Differenzen zwischen Putnam und Coleman werden dabei übergangen, was zu theoretisch unsauberen Theoriesymbiosen führt, in der praktischen empirischen Forschungstätigkeit jedoch als empirisches Problem angegangen wird.

Die neuere Sozialkapitalforschung nimmt zwei notwendige Präzisierungen des Sozialkapitalbegriffs vor:

Erstens zeichnet sich der Sozialkapitalansatz aus Sicht der heutigen empirischen Sozialkapitalforschung durch eine Verknüpfung von strukturellen und kulturellen Komponenten aus. „Soziales Kapital ist eine Kombination aus Netzwerken und sozialem Vertrauen sowie gemeinschaftsbezogenen Normen der Gegenseitigkeit. Der erstgenannte Aspekt definiert die strukturelle Seite sozialen Kapitals, die beiden letztgenannten Größen stehen für die kulturelle Seite des Sozialkapitals" (Kunz 2002: 397). Während die strukturelle Komponente eher der Vorgehensweise des ökonomischen Paradigmas entspricht und die Transaktionskosten reduzierende Wirkung von Netzwerken betont, stehen bei der kulturellen Komponente soziales Vertrauen und individuelle Normen und damit stärker Variablen des soziologischen Paradigmas im Vordergrund.

Eine zweite Begriffsdifferenzierung betont den zweifachen Charakter von Sozialkapital. Sozialkapital wird nunmehr sowohl als eine individuelle Ressource wie auch zugleich als kollektive Ressource verstanden. Als Bezeichnung für diese unterschiedlichen Aspekte von Sozialkapital hat Hartmut Esser die Unterscheidung zwischen Beziehungskapital und Systemkapital eingeführt (vgl. Esser 2000: 239 f.).

Beziehungskapital hat stärker den Charakter eines Privatgutes und bezeichnet den Aspekt von Sozialkapital, der es einzelnen Akteuren ermöglicht, individuelle Ziele zu realisieren.

Systemkapital dagegen hat Kollektivgutcharakter und bezeichnet das Klima des Vertrauens, das in einer Gesellschaft herrscht. Systemkapital kann als ein kollektives Gut bezeichnet werden, da kein Akteur einer Gesellschaft mit einem hohen Maß an Systemkapital von dessen Konsum ausgeschlossen werden kann (vgl. Gabriel et al 2002: 28 f.).

Folgende Graphik veranschaulicht noch einmal diesen Zusammenhang:

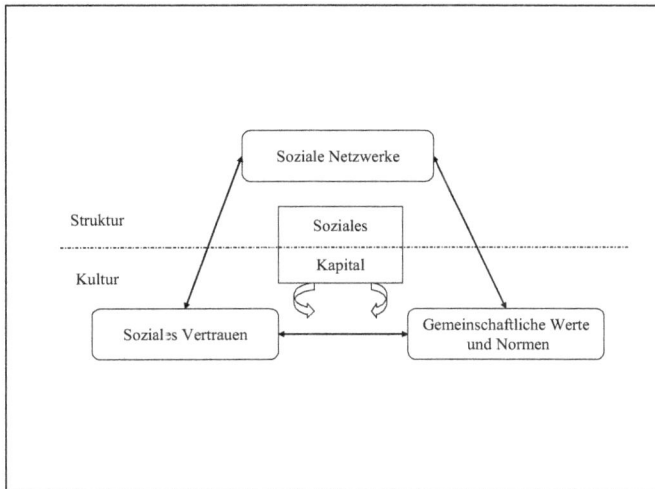

Quelle: Gabriel et al 2002: 23

Sozialkapital setzt sich demnach aus den Komponenten soziale Netzwerke, Vertrauen und gemeinschaftliche Werte und Normen zusammen. Allerdings ist die kausale Verknüpfung zwischen den strukturellen und den kulturellen Aspekten sozialen Kapitals nicht immer eindeutig. Beispielsweise ist keineswegs geklärt, ob soziale Netzwerke ein Bestimmungsfaktor sozialer Vertrauens darstellt oder umgekehrt soziales Vertrauen eine notwendige Bedingung für das Eingehen enger sozialer Beziehungen in Form eines Netzwerkes darstellt. Auch ist das Verhältnis der einzelnen Komponenten zu dem Gesamtphänomen Sozialkapital keineswegs geklärt. Während soziales Vertrauen häufig als synonym für Sozialkapital verwendet wird, scheinen die anderen

Komponenten stärker als Bestimmungsfaktoren von Sozialkapital interpretiert zu werden.

Eine wesentliche Herausforderung der Sozialkapitalforschung besteht deshalb in der theoretischen Ausarbeitung des Sozialkapitalkonzeptes. Insbesondere die Vernachlässigung der handlungstheoretischen Grundlagen in der empirischen Sozialkapitalforschung gilt es zu beheben.

Anhang

Berechnung der Diskontraten der verschiedenen Strategien:

Angenommen: *Immer Defektieren* trifft auf *Immer Defektieren* bei einem Diskontparameter von w = 0,1. Beide verhalten sich also von Anfang an unkooperativ. Deshalb ergibt sich für die Strategie *Immer Defektieren* eine Diskontrate von 1/(1-0,1) = 1,11 Punkte. Bei einem Diskontparameter von 0,9 von 1/(1-0,9) = 10 Punkte.

Trifft *Immer Defektieren* auf die Strategie *Immer Kooperieren*, bedeutet dies, dass *Immer Defektieren* bei jedem Zug eine Auszahlung von 5 Punkte erlangen wird, was eine Diskontrate bei w = 0,1 von 5/(1-0,1) = 5,55 Punkte bzw. bei w = 0,9 eine Diskontrate von 50 Punkte ergibt.

Trifft *Immer Defektieren* auf *Tit for Tat*, bedeutet dies, dass im ersten Zug 5 Punkte erreicht werden, anschließend jedoch nur noch 1 Punkt. Deshalb ist die Diskontrate bei w = 0,1: 5 + d1/(1-0,1) = 5,11 Punkte und bei w = 0,9 einen Wert von 14 Punkten.

Trifft *Immer Kooperieren* auf *Immer Defektieren*, dann ergibt dies eine Diskontrate von 0 Punkten, egal bei Diskontparameter.

Trifft *Immer Kooperieren* auf *Tit for Tat*, bedeutet dies, da *Tit for Tat* kooperativ beginnt, eine Diskontrate bei w = 0,1 3/(1-0,1) = 3,33 Punkte und bei w = 0,9 eine Rate von 30 Punkte.

Das gleiche Ergebnis erlangt *Immer Kooperieren*, wenn es auf sich selbst trifft.

Trifft *Tit for Tat* auf *Immer Kooperieren* ergibt die Diskontrate bei w = 0,1 einen Wert wie oben gezeigt von 3,3 Punkte und bei w = 0,9 von 30 Punkten.

Trifft *Tit for Tat* auf *Immer Defektieren*, dann erreicht *Tit for Tat* bei w = 0,1 im ersten Spielzug 0 Punkte, in den folgenden Zügen 1 Punkt, was eine Diskontrate von 0 + d1/(1-0,1) = 0,11 Punkte und für w = 0,9 eine Rate von 9 Punkten ergibt.

Trifft *Tit for Tat* auf *Tit for Tat* erreicht *Tit for Tat* bei w = 0,1 eine Diskontrate von 3,33 Punkten, bzw für w = 0,9 eine Diskontrate von 30 Punkten.

	Immer Koope-rieren	Immer Defek-tieren	Tit for Tat
Immer Koope-rieren	3,33 ; 30	0 ; 0	3,33 ; 30
Immer Defek-tieren	5,55 ; 50	1,11 ; 10	5,11 ; 14
Tit for Tat	3,33 ; 30	0,11 ; 9	3,33 ; 30

Quelle vgl. Braun 1999: 204

Allerdings unterscheiden sich die hier präsentierten Ergebnisse von denen Brauns bei der Berechnung der Diskontraten der Strategie *Immer Defektieren* mit *Tit for Tat* sowie bei der Interaktion *Tit for Tat* mit *Immer Defektieren*. Bei dem Wert, den Braun als Diskontrate der Interaktion *Immer Defektieren* mit *Tit for Tat* ermittelt, scheint die Auszahlung nach dem zweiten Zug nicht diskontiert, so dass er statt auf 5,11 auf eine Diskontrate von 6 Punkten kommt. Auch bei *Tit for Tat* mit *Immer Defektieren* findet sich bei Braun ein Wert von 1 Punkt statt 0,11.

7 Literaturverzeichnis

Adam, Frane/Roncavic, Boruz 2003: "Social Capital: recent debates and research trends", in: Social Science Information, Vol. 42, No. 2, S. 155-183.

Aizen, Icek/Fishbein, Martin, 1980: Understanding Attitudes and Predicting Social Behavior. Englewood Cliffs.

Althammer, Wilhelm/Buchholz, Wolfgang, 1995: „Die Bereitstellung eines öffentlichen Gutes aus spieltheoretischer Sicht: Die Grundsachverhalte", in: Ökonomie und Gesellschaft. Jahrbuch 12: Soziale Kooperation. Kassel, S. 92-128.

Axelrod, Robert, 2000: Die Evolution der Kooperation. München.

Bahners, Patrick, 2000: „Die amerikanische Traumstadt", Leitartikel in: Frankfurter Allgemeine Zeitung, 16. Sept. 2000, S. 1.

Bates, Robert H., 1988: Toward a Political Economy of Development. New York.

Bornschier, Volker, 2000: „Befähigung zu Sozialkapitalbildung und wirtschaftlicher Erfolg im entwickelten Kapitalismus – Neue Evidenzen aus Ländervergleichen 1980-1997", in: Schweizerische Zeitschrift für Soziologie, Vol. 26, No. 2, S.373-400.

Bourdieu, Pierre, 1983: „Ökonomisches Kapital, kulturelles Kapital, soziales Kapital", in: Kreckel, Reinhard (Hrsg.): Soziale Ungleichheiten, Sonderband 2 der Sozialen Welt. Göttingen, S. 183-198.

Braun, Dieter, 1999: Theorien rationalen Handelns in der Politikwissenschaft. Eine kritische Einführung. Opladen.

Brehm, John/Rahn, Wendy, 1997: "Individual-Level Evidence for the Causes and Consequences of Social Capital", in: American Journal of Political Science, Vol. 41, No. 3, S. 999-1023.

Burt, Ronald S. 1992: Structural Holes. The Social Structure of Competition. Cambridge.

Burt, Ronald S., 1999: "The social capital of opinion leaders", in: Annals of the American Academy of Political and Social Science, Thousand Oaks.

Campbell, David E., 2000: "Social Capital and Service Learning", in Political Science online [PSo], www. Apsanet.org, Sept. 2000, 641-645.

Carrier, Martin, 1996: "Wissenschaftstheorie", in Mittelstraß, Jürgen (Hrsg.): Enzyclopädie Philosophie und Wissenschaftstheorie. Bd. 4, Stuttgart, S. 738-745.

Chalmers, Alan F., 1994: Wege der Wissenschaft. Einführung in die Wissenschaftstheorie. Berlin.

Coleman, James S., "Social Capital in the Creation of Human Capital", in: American Journal of Sociology, Vol. 94, S. 95-120.

Coleman, James S., 1995: Grundlagen der Sozialtheorie. Bd.1-3, München.

Dahrendorf, Ralf, 1977: Homo Sociologicus. Ein Versuch zur Geschichte, Bedeutung und Kritik der Kategorie der sozialen Rolle. Opladen.

Dasgupta, Partha/Serageldin, Ismail (Hrsg.), 2000: Social Capital. A multifaceted perspective. Washington.

Davidson, Donald, 1999: Wahrheit und Interpretation. Frankfurt.

Davis, Morton D., 1999: Spieltheoretiker für Nichtmathematiker. München.

Dederichs, Andrea M., 1999: Das soziale Kapital in der Bürgergesellschaft. Emotionalität und Moralität in ,Vetternwirtschaften'. Berlin 1999.

Druwe, Ulrich, 1995: Politische Theorie. Una.

Druwe, Ulrich/Kühnel Steffen–M./Kunz Volker (Hrsg.): Kontext, Akteur und Strategische Interaktion. Untersuchungen zur Organisation politischen Handelns in modernen Gesellschaften. Opladen.

Esser, Hartmut 1999/2000: Soziologie. Spezielle Grundlagen. Frankfurt.
    1999b: Bd. I. Situationslogik und Handeln.
    2000a: Bd. II. Die Konstruktion der Gesellschaft.
    2000b: Bd. III. Soziales Handeln.
    2000c: Bd. IV. Opportunitäten und Restriktionen.
    2000d: Bd. V. Institutionen.
    2001: Bd. VI. Sinn und Kultur

Esser, Hartmut, 1999a: Soziologie. Allgemeine Grundlagen. Frankfurt.

FØllesdal, Dagfinn, 1988: Rationale Argumentation. Ein Grundkurs in Argumentations- und Wissenschaftstheorie. Berlin.

Faust, Jörg, 2001: „Institutionen, Good Governance und Politikberatung", erscheint in: Asien, Afrika, Lateinamerika; Vol. 29, No. 1.

Faust, Jörg/Marx, Johannes, 2004: "Zwischen Kultur und Kalkül? Vertrauen und Sozialkapital im Kontext der neoinstitutionalistischen Wende", in: Swiss Political Science Review, Vol. 10, No. 1, S. 29-55.

Fazio, Russel. H., 1990: "Multiple processes by which attitudes guide behavior: The MODE model as an integrative framework", in: Zanna, M. P. (Ed.), Advances in experimental social psychology, New York, Vol. 23, S. 75-109).

Feldman, Tine/Assaf, Susan, 1999: Social Capital: Conceptual frameworks and Empirical Evidence. An annotated Bibliography. Working paper der Weltbank.

Flap, Hendrik D./de Graaf, Nan D., 1986: „Social Capital and Attained Occupational Status", in: The Nederlands Journal of Sociology, Vol. 22, S. 145-161.

Foley, Michael W. / Edwards, Bob, 1996: „The Paradox of Civil Society", in Journal of Democracy. Vol. 7, No. 3, S.38-52.

Foley, Michael W. / Edwards, Bob, 1998: „Civil Society and social capital beyond Putnam", in: The American Bahavioral Scientist, Vol. 42, (September), S.124-139.

Fouldner, Alan W.(Hrsg.) : Theory and Society: renewal and critique in social theory. Dordrecht, S. 151-208.

Freitag, Markus, 2000: "Soziales Kapital und Arbeitslosigkeit. Eine empirische Analyse zu den Schweizer Kantonen", in: Zeitschrift für Soziologie, Vol. 29, No. 3, S. 186-201.

Fukuyama, Francis, 1995: Konfuzius und die Marktwirtschaft. Der Konflikt der Kulturen. München.

Gambetta, Diego (Hrsg.) 1988: Trust. Making and Breaking Cooperation Relations. Oxford.

Gehlen, Arnold, 1958: Der Mensch, seine Natur und seine Stellung in der Welt. Bonn.

Gerhard, Ute, 1994: „Rollenbegriff und Gesellschaftsanalyse: Die endliche und die unendliche Geschichte des ‚Homo Sociologicus'", in: Peisert, Hansgert/Zapf, Wolfgang (Hrsg.): Gesellschaft, Demokratie und Lebenschancen. Eine Festschrift für Ralf Dahrendorf. Stuttgart.

Sozialkapital und seine handlungstheoretischen Grundlagen

Gittell, Marilyn/Ortega–Bustamante, Isolda/Steffy, Tracy, 2000: „Social Capital and Social Change. Women's Community Activism", in: Urban Affairs Review, Vol. 36, No. 2, 123-147.

Goffman, Erving, 1973: Interaktion: Spass am Spiel/Rollendistanz. München.

Goldberg, Ellis, 1996: „Thinking About Democracy Works", in: Politics & Society, Vol. 24, No. 1, S. 7-18.

Graf, Wilhelm Fr., 1999: „'In God we trust', Über mögliche Zusammenhänge von Sozialkapital und kapitalistischer Wohlfahrtsökonomie", in: Graf, Wilhelm Fr./Platthaus, Andreas/Schleissing, Stephan (Hrsg.): Soziales Kapital in der Bürgergesellschaft. Stuttgart, S. 93-130.

Graf, Wilhelm Fr./Platthaus, Andreas/Schleissing, Stephan (Hrsg.): Soziales Kapital in der Bürgergesellschaft. Stuttgart.

Granovetter, Mark, 1985: „Economic Action and Social Structure: The Problem of Embeddedness", in: American Journal of Sociology, Vol. 91, S. 481-510.

Greenley, Andrew, 1997: „Coleman Revisited. Religious Structures as a Source of Social Capital", in: American Behavioral Scientist, Vol. 40, No. 5, S. 587-594.

Guiso, Luigi/Sapienza, Paola/Zingales, Luigi, 2000: The role of Social capital in Financial Development. Working Paper 7563, National Bureau of economic research, http://www.nber.org/papers/w7563.

Güth, Werner/Kliemt, Hartmut, 1995: „Elementare spieltheoretische Modelle sozialer Kooperation", in: Ökonomie und Gesellschaft. Jahrbuch 12: Soziale Kooperation. Kassel, S. 12-62.

Hardin, Garret, 1968: "The tragedy of the Commons", in: Science, Vol. 162, (December) 1243-1248.

Harrison, Lawrence E./Huntington, Samuel P., 2000: Culture Matters: How Values Shape Human Progress. New York.

Haug, Sonja, 1997: Soziales Kapital. Ein kritischer Überblick über den Forschungsstand. Arbeitspapier Nr. ABII/15, Mannheim.

Held, Martin/Nutzinger, Hans G. (Hrsg.), 1999: Institutionen prägen Menschen. Bausteine zu einer allgemeinen Institutionenökonomik. Frankfurt.

Helliwell, John F./Putnam Robert D., 2000: „Economic Growth and Social Capital in Italy", in: Dasgupta, Partha/Serageldin, Ismail (Hrsg.): Social Capital. A multifaceted perspective. Washington, S. 253-269.

Hethington, Mark J., 1998: „The Political Relevance of Political Trust", American Political Science Review, Vol. 92, No. 4, S. 791-808.

Hitzler, Ronald, 1992: „Der Goffmensch", in: Soziale Welt, Vol. 43, S. 449-461

Hobbes, Thomas, 1990: Leviathan. Frankfurt.

Hofferth, Sandra L./Boisjoly, Johanne/Duncan, Greg J., 1999: „The development of Social Capital", in: Rationality and Society, Vol. 11, No. 11, S. 79-110.

Holler, Manfred G./Illing, Gerhard, 1996: Einführung in die Spieltheorie. Dritte, verbesserte und erweiterte Auflage. Berlin.

Hollis, Martin, 1995: Soziales Handeln: eine Einführung in die Philosophie der Sozialwissenschaften. Berlin.

Hoyningen–Huene, Paul, 1999: Die Wissenschaftsphilosophie Thomas S. Kuhns. Rekonstruktion und Grundlagenprobleme. Braunschweig.

Joas, Hans, 1978: Die gegenwärtige Lage der soziologischen Rollentheorie. Wiesbaden.

Junge, Kay, 1998: „Vertrauen und die Grundlagen der Sozialtheorie. Ein Kommentar zu James S. Coleman", in: Müller, Hans-Peter/Schmid, Michael (Hrsg.), 1998: Norm, Herrschaft und Vertrauen. Beiträge zu James S. Colemans Grundlagen der Sozialtheorie. Opladen.

Kirchgässner, Gebhard, 1999: „Bedingungen moralischen Handelns", in: Held, Martin/Nutzinger, Hans G. (Hrsg.), 1999: Institutionen prägen Menschen. Bausteine zu einer allgemeinen Institutionenökonomik. Frankfurt. S. 85-107

Kirchgässner, Gerhard, 1998: „Märkte, Normen und das ökonomische Handlungsmodell", in: Analyse und Kritik, Vol. 20, S. 221-244.

Kistler, Ernst/Noll, Heinz-Herbert/Piller, Eckhard (Hrsg.), 1999: Perspektiven gesellschaftlichen Zusammenhalts. Berlin.

Kliemt, Hartmut/Güth, Werner 1995: „Elementare spieltheoretische Modelle sozialer Kooperation", in: Ökonomie und Gesellschaft. Jahrbuch 12: Soziale Kooperation. Kassel.

Knack, Stephen/Keefer, Philip, 1997: "Does Social Capital Have an Economic Payoff? A Cross-Country Investigation", in: Quarterly Journal of Economics, Vol. 112, No. 4, S. 1251-1288.

Knight, Jack, 1998: „The Basis of Cooperation: Social Norms and the Rule of Law", in: Journal of Theoretical Politics, Vol. 154, S. 755-763.

Kuhn, Thomas S, 1999: Die Struktur wissenschaftlicher Revolutionen. Frankfurt.

Kuhn, Thomas S., 1997: „Logik oder Psychologie der Forschung", in: Krüger, Lorenz (Hrsg.): Die Entstehung des Neuen. Studien zur Struktur der Wissenschaftsgeschichte/Thomas S. Kuhn. Frankfurt, S. 357–388.

Kuhn, Thomas S., 1997: „Neue Überlegungen zum Begriff des Paradigma", in: Krüger, Lorenz: Die Entstehung des Neuen. Studien zur Struktur der Wissenschaftsgeschichte/Thomas S. Kuhn. Frankfurt, S. 389–421.

Kunz, Volker, 1998: Theorie rationalen Handelns. Konzepte und Anwendungsprobleme. Opladen.

Kunz, Volker, 2000a: „Der Sozialkapitalansatz – ein brauchbares Konzept in der Vergleichenden Politikwissenschaft? International vergleichende Analysen zur Struktur und Wirksamkeit sozialen Kapitals in demokratischen Industriegesellschaften", unveröffentlichtes Vortragsmanuskript, Januar 2000 in Mainz.

Kunz, Volker, 2000b: „Kulturelle Variablen, Organisatorische Netzwerke und Demokratische Staatsstrukturen als Determinanten der wirtschaftlichen Entwicklung im internationalen Vergleich", in: Kölner Zeitschrift für Soziologie und Sozialpsychologie, Vol. 52, No. 2, S. 195-225.

Kunz, Volker, 2004: Rational Choice. Frankfurt.

Kunz, Volker/Gabriel, Oscar W., 2000: "Soziale Integration und politische Partizipation. Das Konzept des Sozialkapitals – ein brauchbarer Ansatz zur Erklärung politischer Partizipation?, in Druwe, Ulrich/Kühnel Steffen-M./Kunz Volker (Hrsg.): Kontext, Akteur und Strategische Interaktion. Untersuchungen zur Organisation politischen Handelns in modernen Gesellschaften. Opladen.

Laitin, David D., 1995: „ The Civic Culture at 30", in: American Political Science Review, Vol. 89, No. 1, S. 168-173.

Lakatos, Imre (Hrsg), 1974: Die Methodologie der wissenschaftlichen Forschungsprogramme. Braunschweig.

Lakatos, Imre, 1974: „Falsifikation und die Methodologie wissenschaftlicher Forschungsprogramme", in: Lakatos, Imre: Die Methodologie der wissenschaftlichen Forschungsprogramme. Braunschweig, S. 108-148.

Lakatos, Imre, 1974: „Falsifikation und Methodologie wissenschaftlicher Forschungsprogramme", in: Lakatos, Imre/Musgrave, Alan (Hrsg.): Kritik und Erkenntnisfortschritt, Braunschweig. S. 89-189.

Laumann, Edward O./Sandefur, Rebecca L., 1998: „A Paradigm for Social Capital", in: Rationality and Society, Vol. 10, No. 4, S. 481-501.

Levi, Margaret, 1996: „ Social and Unsocial Capital. A Review Essay of Robert Putnam's Making Democracy Work", Politics & Society, Vol. 24, No. 1, S. 45-55.

Lindenberg, Siegwart, 1989: "Social Production Functions, Deficits, and Social Revolutions. Prerevolutionary France and Russia", in: Rationality and Society, Vol. 1, No. 1, S. 51-77.

Loury, Glenn, 1977: „A Dynamic Theory of Racial Income Differences", in: Wallace, P. A. (Hrsg.): Woman, Minorities, and Employment Discrimination. Lexington.

Masterman, Magaret, 1974: „Die Natur eines Paradigmas", in: Lakatos, I.; Musgrave, A. (Hrsg.): Kritik und Erkenntnisfortschritt. Braunschweig, S. 59-88.

Matiaske, Wenzel, 1999: Soziales Kapital in Organisationen. Eine tauschtheoretische Studie. München.

Maurer, Andrea, 1998: „Herrschaft als Verteilung von Rechten. Die Herrschaftstheorie von James S. Coleman im Spiegel der individualistischen Theorietradition", in: Müller, Hans-Peter/Schmid, Michael (Hrsg.), 1998: Norm, Herrschaft und Vertrauen. Beiträge zu James S. Colemans Grundlagen der Sozialtheorie. Opladen.

McLean, Ian, 1987: Public Choice. An Introduction. Oxford.

Mols, Manfred, 2000: „Globale Zivilisation und Religion: Wird eine globale Zivilisation religionslos sein?", Mainz, im Erscheinen begriffen.

Morel, Julius (Hrsg.), 1999: Soziologische Theorie: Abriss der Ansätze ihrer Hauptvertreter. Oldenburg.

Müller, Hans-Peter/Schmid, Michael (Hrsg.), 1998: Norm, Herrschaft und Vertrauen. Beiträge zu James S. Colemans Grundlagen der Sozialtheorie. Opladen.

Newton, Kenneth, 1997: „Social Capital and Democracy", in: American Behavioral Scientist, Vol. 40, No. 5, S. 575-586.

Nietzsche, Friedrich, 1988: Zur Genealogie der Moral. Eine Streitschrift. Stuttgart.

North, Douglas C., 1988: Theorie des Institutionellen Wandels. Tübingen.

North, Douglas C., 1992: Institutionen, institutioneller Wandel und Wirtschafts-leistung. Tübingen.

Offe, Klaus, 1999: „Sozialkapital. Begriffliche Probleme und Wirkungsweise", in: Kistler, Ernst/Noll, Heinz-Herbert/Piller, Eckhard (Hrsg.): Perspektiven gesellschaftlichen Zusammenhalts. Berlin.

Olson, Mancur, 1965: The Logic of Collective Action. Cambridge.

Onyx, Jenny/Bullen, Paul, 2000: Measuring Social Capital in Five Communi-ties", in: The Journal of Applied Behavioral Science, Vol. 36, No. 1, 23-42.

Opp, Karl D., 1983: Die Entstehung sozialer Normen. Ein Integrationsversuch soziologischer, sozialpsychologischer und ökonomischer Erklärungen. Tübingen.

Ostrom, Elinor/Gardner, Roy/Walker, James, 1994: Rules, Games, and com-mon Pool Resources. Ann Arbor.

Ostrom, Elinor/Schroeder, Larry/Wynne, Susan, 1993: Institutional Incentives and Sustainable Development. Infrastructure in Perspective. Boulder.

Park, Jeong-Seok, 1999: Netzwerkgesellschaften im Wandel. Die Rolle des sozia-len Kapitals zur primären kumulativen Kapitalbildung am Beispiel Süd-koreas. Opladen.

Patzelt, Werner J., 1993: Einführung in die Politikwissenschaft: Grundriss des Faches und studiumbegleitende Orientierung. Passau.

Peisert, Hansgert/Zapf, Wolfgang (Hrsg.), 1994: Gesellschaft, Demokratie und Lebenschancen. Eine Festschrift für Ralf Dahrendorf. Stuttgart.

Plessner, H., 1950: Die Stufen des Organischen und der Mensch. Berlin.

Portes, Alejandro, 1995: The Economic Sociology of Immigration: Essays on Network Entrepreneurship. New York.

Portes, Alejandro, 1998: „Social Capital: Its Origin and Applications in Modern Sociology", in: Annual Review of Sociology, Vol. 24, S. 1-24.

Preisendörfer, Peter, 1995: "Vertrauen als soziologische Kategorie. Möglichkei-ten und Grenzen einer entscheidungstheoretischen Fundierung des Ver-trauenskonzeptes", in: Zeitschrift für Soziologie, Vol. 24, No. 4, S. 263-272.

Putnam, Hillary, 1975: Mind, Language and Reality. Philosophical Papers. BD. II, Cambridge.

Putnam, Robert D., 1993: Making democracy work. Civic traditions in modern Italy. Princeton.

Putnam, Robert D., 1993b: "The Prosperous Community. Social Capital and Public Life", in: The American Prospect online, No. 13, http://www.prospect.org/archieves/13/13putn.html.

Putnam, Robert D., 1995: „ Bowling Alone: America's Declining Social Capital", Journal of Democracy, Vol. 6, No.1, S. 65-78.

Putnam, Robert D., 1999: "The Strange Disappearance of Civic America", in: The American Prospect online, Vol. 10, No. 24, http://www.prospect.org/archieves/24/24putn.html.

Putnam, Robert D., 1999: „Demokratie in Amerika am Ende des 20. Jahrhunderts", in: Graf, Wilhelm Fr. / Platthaus, Andreas / Schleissing, Stephan (Hrsg.): Soziales Kapital in der Bürgergesellschaft, Stuttgart, S.21-70.

Putnam, Robert D., 2000: Bowling alone. The collapse and revival of American community. New York

Quine, Williard van Orman, 1980: Wort und Gegenstand. Stuttgart.

Raub, Werner/Voss, Thomas, 2000: „Nachwort. Selbstinteresse und Kooperation als Gegenstand der Sozialtheorie – Elemente eines Forschungsprogramms", in: Axelrod, Robert, 2000: Die Evolution der Kooperation. München.

Rich, Paul, 1999: „American voluntarism, social capital, and political culture", Annals of the American Academy of Political and Social Science, Vol. 565, S.15-34

Rieck, Christian, 1993: Spieltheorie. Eine Einführung für Wirtschafts- und Sozialwissenschaftler. Wiesbaden.

Rothstein, Bo, 2000: „Trust, Social Dilemmas and Collective Memories", in: Journal of Theoretical Politics, Vol. 12, No. 4, S. 477-501.

Rubio, Mauricio, 1997: „Perverse social capital – some evidence from Colombia", in: Journal of Economic Issues, Vol. 31, No. 3, S. 805-816.

Scheler, M., 1928: Zur Idee des Menschen im Kosmos. Darmstadt.

Schenk, Stephan/Weise, Peter, 1995: „Zur Evolution der Kooperation", in: Ökonomie und Gesellschaft. Jahrbuch 12: Soziale Kooperation, Kassel.

Scheufele, A. Dietram/Shah, V. Dhavan, 2000: „Personality strength and social capital. The role of dispositional and informational variables in the production of civic participation", in: Communication Research, Vol. 27, No. 2, S. 107-131.

Schimank, Uwe, 2000: Handeln und Strukturen. Eine Einführung in die akteurstheoretische Soziologie. München.

Schmid, Michael, 1995: "Soziale Normen und soziale Ordnung II. Grundriss einer Theorie der Evolution sozialer Normen", in: Analyse und Kritik, Vol. 17, No. 1, S. 41-65.

Schmid, Michael, 1996: „'There is, of course only one social science'. Colemans allgemeine Sozialtheorie", in Politische Vierteljahresschrift, Vol. 37, No. 1, S. 125-131.

Schmid, Michael, 1999: „Unsicherheit, Ineffizienz und soziale Ordnung – Bemerkungen zum Verhältnis des soziologischen und ökonomischen Forschungsprogramms", in: Held, Martin/Nutzinger, Hans G. (Hrsg.), 1999: Institutionen prägen Menschen. Bausteine zu einer allgemeinen Institutionenökonomik. Frankfurt, S. 191-206.

Schnur, Olaf, 2000: Nachbarschaft, Sozialkapital &Bürgerengagement. Potenziale sozialer Stadtteilentwicklung? Eine Analyse am Beispiel von vier Wohnquartieren des Stadtteils Moabit (Berlin-Tiergarten). Berlin.

Serageldin, Ismael, 1998: The Initiative on Defining, Monitoring and Measuring Social Capital. Overview and Program Description. working paper No.1 der Weltbank.

Serageldin, Ismail, 1998: Social Capital and Poverty. working paper No.4 der Weltbank.

Serageldin, Ismail, 2000: Foreword to: Krishna, Anirudh, Shrader, Elizabeth: Cross-Cultural Measures of Social Capital. A Tool And Results Of India And Panama. Social Capital Initiative, Working Paper No. 21.

Smyth, John, 2000: "Reclaiming Social Capital through Critical Teaching", in: the Elementary School Journal, Vol. 100, No. 5, 491-511.

Stahlberg, Dagmar / Frey, Dieter, 1992: „Einstellungen I: Struktur, Messung und Funktionen", in: Stroebe, Wolfgang u.a. (Hrsg.): Sozialpsychologie. Eine Einführung. Berlin, S. 144-170.

Stegmüller, Wolfgang, 1985: Probleme und Resultate der Wissenschaftstheorie und analytischen Philosophie. Bd. 2. Theorie und Erfahrung. Teilbd. 2. Theorienstrukturen und Theoriendynamik. Stuttgart.

Stegmüller, Wolfgang, 1987: Hauptströmungen der Gegenwartsphilosophie: eine kritische Einführung. Bd.2, Stuttgart.

Ströker, Elisabeth, 1988: „Dauer und Wandel im Selbstverständnis der Wissenschaftsphilosophie", in: Hoyningen–Huene, Paul/Hirsch, Gertrude (Hrsg.): Wozu Wissenschaftsphilosophie? Positionen und Fragen zur gegenwärtigen Wissenschaftsphilosophie. Berlin. S.17-38.

Tarrow, Sidney, 1996: „Making Social Science Work Across Space and Time: A critical Reflection on Robert Putnam's Making Democracy Work", in American Political Science Review, Vol. 90, No. 2, S.389-397.

Taylor, Michael, 1987: The Possibility of Cooperation. Cambridge.

Torsvik, Gaute, 2000: "Social Capital and Economic Development. A plea for the mechanisms", in: Rationality and Society, Vol. 12, No. 4, S. 451-476.

Turner, Ralph H. (1962): „Role-Taking: Process versus Conformity". In: Rose, Arnold M. (Hrsg.): Human Behavior and Social Processes. London. S. 22-40.

Voigt, Stefan, 2002: Institutionenökonomik. München.

Voss, Thomas, 1985: Rationale Akteure und soziale Institutionen. Beitrag zu einer endogenen Theorie des sozialen Tauschs. München.

Voss, Thomas, 1998: „Strategische Rationalität und die Realisierung sozialer Normen", in: Müller, Hans-Peter/Schmid, Michael (Hrsg.), 1998: Norm, Herrschaft und Vertrauen. Beiträge zu James S. Colemans Grundlagen der Sozialtheorie. Opladen.

Waldinger, Roger, 1996: Still the Promise City? Cambridge.

Warner, Mildred, 1999: "Social capital construction and the role of the local state", in: Rural Sociology, College Station, Vol. 64, No. 3, S. 373-393.

Williamson, Oliver E., 1985: The Economic Institutions of Capitalism. New York.

Wills, Garry, 2000: „Putnam's America", The American Prospect, Vol. 11, No. 16, (17. July), S. 34-37.

Wilson, John/Musick, Marc, 1997: "Who cares? Toward a integrated theory of volunteer work", in: American Sociological Review, Vol. 62, No. 5, S. 694-713.

Wittgenstein, Ludwig, 1969: Philosophische Untersuchungen. Oxford.

Woolcock, Michael, 1998: "Social Capital and economic development: toward a theoretical synthesis and policy framework", in: Fouldner, Alan W.(Hrsg.) : Theory and Society: renewal and critique in social theory. Dordrecht, S. 151-208.

Yunus, Muhammad, 1999: Grameen – Eine Bank für die Armen der Welt. München.

Zimbardo, Philip G., 1995: Psychologie. Berlin.

Zürn, Michael, 1992: Interessen und Institutionen in der internationalen Politik: Grundlegung und Anwendung des situationsstrukturellen Ansatzes. Opladen.